U0937016

中华先烈人物故事汇

军事科学院解放军党史军史研究中心

学习出版社

中华先烈人物故事汇《蔡会文》编委会

目　录

Contents

引 子

蔡会文，号赤潮，湖南省攸县人。1908年11月12日出生在攸县凉江乡（现莲塘坳镇）山田村一个封建地主家庭。8岁入私塾读书。11岁进入离家不远的盘田小学就读。17岁考入长郡公学（今长郡中学），与进步同学刘振国等建立了攸县旅湘同学会，研究传播马克思主义。

1926年3月，蔡会文加入中国共产主义青年团，同年夏转为中国共产党党员。当年寒假，蔡会文回到家乡，第一件事就是“革命要从自己家开始”，他发动农民到自己家开仓分粮，还要母亲给每个挑谷的农民发一块银元。由此，带动了湖南攸县农民运动的发展。

1927年4月，蔡会文被选入湖南省总工会和省农民协会合办的工农自卫军干部训练队学习。

“马日事变”后，因遭通缉，他被迫潜回家乡。他和哥哥蔡兰阶劝告母亲：“我们不需要父母的家业，我们坚持走自己选择的路，只要父母不加阻拦，就算最大的支持。”6月底，他和哥哥蔡兰阶到达武汉。蔡会文被安排在武汉国民政府警卫团新兵营任党代表。9月，参加湘赣边秋收起义，并随部队上井冈山，任工农革命军第1军第1师第1团第1营第1连党代表。

1928年4月，毛泽东、朱德在井冈山会师建立红4军后，蔡会文任第31团机枪连党代表。8月，被任命为红4军教导队党代表。在部队政治思想工作中，蔡会文经常以党的政治主张、红军纪律和斗争目标武装战士学员的思想。

1929年年初，蔡会文率部随红4军转战赣南闽西，任红4军第3纵队党代表。同年12月，出席中共红4军第九次代表大会（古田会议）。1930年6月，年仅22岁的蔡会文被任命为红1军团第3军政委，与军长黄公略率部参加中央革命根据地第一、第二、第三次反“围剿”。在第一次反“围剿”中，黄公略、蔡会文带领红3军活捉张辉瓒，毛泽东赋诗："赣水那边红一角，偏师借重黄公略。"在第二次反"围剿"中，黄公略、蔡会文率领红3军独当一面，秘密设伏，居高临下，"飞将军自重霄入"，一举包围公秉藩第28师师部，捣毁敌指挥机关，为五战五捷首开胜局。

1932年10月，为加强中央革命根据地的战略侧翼，中央军委任命蔡会文为湘赣军区总指挥兼政治委员和红8军政治委员、中共湘赣省委执行委员，领导湘赣革命根据地的反"围剿"斗争。其间，既面临着蒋介石的重兵"围剿"，又有党内"左"倾错误干扰，他果断地提出"积聚主力，乘敌人分进合击之前，在广大苏区群众配合下，选择敌人弱点，各个击破敌人""不打有坚固设防的据点工事，不打无充分胜利把握的冒险战争与盲动战争"等军事主张。蔡会文和军长萧克带领红8军向遂万泰地区推进，经过两个多月的努力，帮助建立了遂万泰中心县委和各级苏维埃政权，恢复了遂川以北永新以南的大片苏区，红8军也发展到近4000人，战斗力有了明显的提高。随后，蔡会文和萧克带领红8军连续取得九渡冲和棠市的胜利，不仅打破了敌人对湘赣苏区的第四次“围剿”，还有力配合了中央苏区的反“围剿”斗争，将苏区扩展到东至赣江、西近粤汉路、南达大庾岭、北至袁水的广大区域。

1934年，蔡会文受党内“左”倾领导排挤，先后被撤销第6军团代理政委、第17师政委、湘赣军区总指挥和政委职务。同年10月，中央红军主力长征前，蔡会文被任命为赣南省委委员、赣南军区司令员，和项英、陈毅一起留在中央苏区坚持斗争。在中央红军主力集结赣南地区时期，蔡会文和赣南省委书记阮啸仙、政治部主任刘伯坚等进行了大量艰苦细致的工作，为中央红军补充了大量人力和物资，为长征取得胜利奠定了坚实基础。1935年4月初，蔡会文率部突出重围，挺进油山，和项英、陈毅等会师，组成了南方游击总指挥部。后又率部开辟湘粤赣游击区，任湘粤赣游击支队队长兼政委。在极端艰苦的条件下，蔡会文誓“把革命的红旗扛到底”，带领游击队员坚持游击战争。1935年12月4日，蔡会文在率部转战途中和国民党军遭遇，陷入重围，突围时身中数弹，伤重被俘，被敌人残忍地割断喉管，壮烈牺牲，时年27岁。1941年，任弼时在谈到蔡会文时曾赞叹：“蔡会文同志能文能武，能上能下，大公无私，有远大理想，是我们党的一位好同志、好干部！”

豪门“逆子”

舞刀弄棒的小“司令”

攸县，地处湖南省东南部，罗霄山脉中麓武功山西端，因攸水流贯全境而得名。位于攸县东南部的凉江乡，树木茂盛，竹林荡漾，景色如画。历史悠久的道观——阳升观就坐落在这里。翻越阳升观正门前的几座山，有一个叫山田的小村庄（今攸县莲塘坳镇山田村），在一座环形山的山脚下，有一坐北朝南恢宏大气的大院落，院落的主人就是新发迹的财主蔡开先。蔡开先小时候家里还很穷，为了生计，常跟着父亲给人家帮工，经过一二十年的积累，靠自己的勤劳和智慧，不仅拥有自己的茶林，还开了个作坊，挣下了这份不小的家业。

蔡开先的夫人张氏，贤惠厚道，吃苦能干，整天不停地烧茶弄饭、洗衫浆衣、养鸡喂猪、纺纱织布，把家里打理得井井有条，还给蔡家生了7个儿女。

1908年11月的一天，张氏怀的第二个孩子就要出生了，蔡开先一大清早就到镇上买了两斤猪肉和一只猪脚，准备炖汤给张氏发奶水。回来后，他见张氏还没生出来，自己又帮不上忙，只好在榨油作坊里焦急地转来转去。直到长工张冬瓜来向他道喜，他才跑回家。

张氏说："又是个儿子，给儿子取个名吧！"蔡开先没读过什么书，没经过思考，就兴高采烈地说道："大儿子叫大毛，二儿子就叫仔毛吧。"这个名字一直叫到8岁上学后，才有了大名蔡会文，大儿子改叫蔡兰阶。

大儿子蔡兰阶性格温和，小时候，坐在门垛上啃手指都能啃上一两个时辰。二儿子蔡会文却是另一种性格，他从小就倔强好动，富有冒险精神。有一次，他躲在自己的屋里进行火药试验，一不留神，火药"哧"地着火了，把脸烧了一大块。

蔡会文很喜欢听家里长工张冬瓜讲故事。有一次，张冬瓜讲了哪吒闹海的故事，他听了之后十分稀奇，想体验体验当哪吒的感觉。那天，他到堂舅父张家询家去玩，看见张家的神龛上有一个香炉。“这不就是哪吒的‘风火轮’吗？”他立马爬上去，把香炉踩在脚底，左一脚，右一脚，一不留神把张家的祖宗牌位踢了个东倒西歪，有一块牌位正好砸在张家询的小儿子头上，瞬间血流不止。为此，张家询把蔡开先叫来，毫不留情地责备了一番。蔡开先十分恼怒，立马把会文拎过来，噼里啪啦地在他屁股上狠狠揍了一顿。

晚上，被父亲狠揍了的蔡会文不敢回家，便偷偷地躲在长工张冬瓜的屋子里。

“你这个淘气鬼，挨打了吧？”张冬瓜看着可怜巴巴的会文说：“我再给你讲个薛刚反唐的故事，好吗？”

“好呀，好呀。”会文一听说张冬瓜给他讲故事，挨揍的事儿一下子忘得一干二净了。

蔡家大院前面有一个大池塘，每年夏天，仔毛和哥哥大毛，还有村里的其他小伙伴就跳进池塘，这里简直成了仔毛和小伙伴们的“天然避暑地”。屋前屋侧两棵高大的皂荚树也是仔毛、大毛纳凉的好去处。

后山上有不少果树，梨树、栗子树、橙子树等。每当果子成熟的时候，仔毛就和大毛、村里的其他小伙伴带着竹竿爬到树上，找一根粗壮结实的树杈靠着身子，再用竹竿捅头顶上的梨子、栗子和橙子，随手接住，然后背靠树杈半躺着，悠闲自得地品尝。

长工张冬瓜经常给仔毛、大毛讲三国演义的故事。关羽、张飞的英雄故事让不谙世事的两个孩子萌生了一种遐想：长大后要做一个为民除害的大英雄。

当大英雄，当然要有真功夫。于是，仔毛和大毛专门在家里腾出一个房间当练武房。每天天刚蒙蒙亮，仔毛和大毛就爬起来，在练武房压腿、劈叉、倒立，练得热火朝天。

为了练就“飞毛腿”，仔毛和大毛用布袋子装满沙子，捆在小腿上，每天在后山的小路上连跑带跳，直到跑得汗流浃背、气喘吁吁为止。除了练

"飞毛腿"，还舞"狼牙棒"。为了制作"质量上乘"的"狼牙棒"，仔毛还特意到后山的竹林里走寻了半天，终于挑到一根令他十分满意的竹竿，把它砍下来，一头的竹节留着，其他全部打通，灌满沙子，再用木塞和布条将另一头塞紧，一个"狼牙棒"就"诞生"了。仔毛拿着沉甸甸的"狼牙棒"，上捅下压、左攻右挡地开练了，常常练得筋骨酸痛还不肯停手。

光阴似箭，转眼之间仔毛就蹿成大高个了，加上人又机灵，成了村里的孩子王。哥哥大毛也成了仔毛的跟屁虫。他们常常在后山上玩打仗的游戏。小伙伴们在山上你守我攻，分作两伙打起"仗"来。仔毛每次都给自己安个最高职务——"司令"，并且每次都以他率领的一方胜利而终。时间久了，"假司令"当得不过瘾，仔毛就想着能不能当一个"真司令"。要做名副其实的"司令"，就得有真枪。于是，仔毛就琢磨着怎样造一把"真枪"。最开始的时候，仔毛是用木头削了一把短枪，然后煞有介事地把这把木枪别在腰上。时间长了，这把假枪还是不过瘾。

有一次，仔毛偶然在山上捡到了一颗子弹壳，他如获至宝地把它捧回家。在他自己的小房间里捣鼓了半天，用铁钉钻了一个小洞，在弹壳里又装上黑色火药，再加了一些沙子，用火柴一点燃，沙子居然喷射出去了！仔毛欣喜若狂，这下终于有一把名副其实的真枪了！

为了过真枪的瘾，仔毛还趁父亲不在家，偷偷地把他的猎枪拿出来，在后山上练习瞄准。每当他用猎枪瞄准打中了假想的“恶霸”时，心里特别痛快。

爱憎分明的小秀才

蔡会文 8 岁那年，一家人像往年一样，正围坐在桌前过中秋节。县里的公差突然送来一张帖子，说有一场官司要蔡开先到庭对案。原来是隔壁春塘村的大地主、团总陈洋芬挑起来的事端。他看到蔡家原来还是个帮别人打工的，才十几年的时间，已然成为攸县南乡的首富，风头已经远远盖过他这个老财主了。按照这个趋势发展下去，那还了得！不行！必须想方设法挖他一耙才行。老财主陈洋芬日思夜想，终于想出了一个诡计。

陈洋芬伪造了一个字据，谎称蔡家老屋后面的油茶林，原是他陈家世传的祖山。蔡开先趁他在外执事多年之机，私自砍了山上荫蔽陈氏后代的古松古柏，种上了油茶树。祖山的归属有字据作证。为了让字据看起来更加真实可信，陈洋芬先用一张旧黄草纸，写了一张“同治辛未岁”的字据，头年春用破布包着，用一块泛潮的陈砖压在阴冷潮湿的墙脚下，第二年才取出来，由此字据纸质陈腐霉变，但是字迹仍然清晰可辨。

县太爷看着这份伪造得十分逼真的字据，拍案大怒，喝令蔡开先必须山归原主。蔡开先一生精明，但从来没有见过如此大的场面，两边的衙役面露威严，更让他胆战心惊，一时连话都说不出来，更谈不上辩解了。

此时的陈洋芬又故作宽宏大量，说：“鄙人念蔡开先为人本分，又有垦山植树之劳，本团总愿以一半相酬，请县太爷定夺。”

这时，县太爷趁机开口说，陈团总宽大为怀，息事宁人，堪称楷模。

就这样，陈洋芬用一张烂字据就轻轻松松地夺走了蔡开先的半座油茶林！蔡开先吃了哑巴亏，气得卧床半个月都没起来。他在床上辗转难眠：为何自己会吃这样的哑巴亏？还不是因为自己没读过书！现在，两个儿子已到了上学的年龄，不能让他们再像自己一样做“睁眼瞎”任人宰割了。为了保住蔡家的家财，为了光宗耀祖，蔡开先决定不惜血本也要把两个儿子培养成读书人，让他们出人头地！

1916 年冬，蔡开先把两个儿子送到邻村一位叫蔡贻清的老先生家里读书。蔡老先生每天教的都是《三字经》《百家姓》一类的启蒙读物，教学方式也是单一的口传口授，先生念一句，学生学一句，背熟为止。时间一长，蔡会文就失去了新鲜感，他把先生教的背会了后，就溜出去缠着家里的长工们讲故事，他喜欢《三国演义》《水浒传》里的英雄好汉。一次，他听了故事后感慨道，

“光靠一个英雄豪杰也不行，需要有一群志同道合的人在一起，才能打倒欺负穷人的坏蛋”。就像故事里讲的“聚众起事”。蔡会文小小的年纪竟然说出这样的话来，让长工们惊叹不已。蔡会文兄弟俩在蔡贻清老先生那里学了一年多，已无法满足他们对知识的渴望了。1918 年，父亲蔡开先又从东乡请来了一位清末秀才陈济贤，专门教两个儿子读书。有一次，陈先生抄录了“削铁针头，蚊子腹内刮脂油，亏老先生下手”的文章让兄弟俩读。蔡会文读了一遍后，“扑哧”一声笑了起来。

“你为何发笑？”陈先生指着蔡会文问道。

“我笑那位先生，针头有多少铁，还用去削！蚊子又小又瘦，哪有什么脂油，能刮出什么来。真亏了那位先生下手呢！”

陈先生笑着对这个思维活跃的弟子说：“天不下雨，禾苗都干死了，佃户们颗粒无收，可东家还要带差役来催租子呢！”

蔡会文盯着陈先生，一言不发。

“有一首诗是这么写的，赤日炎炎似火烧，野田禾稻半枯焦。农夫心里如汤煮，公子王孙把扇摇。”陈先生继续说道。

蔡会文听了，茫然睁着一双大眼睛，脑子里闪现着许多不解问题：听父亲讲，他出生的前一年，天大旱，爷爷在地主家当了一年长工，到了年关，不仅没领到工钱，反倒欠了东家的饭钱；堂舅父张家询，冬穿狐皮夏着绸，整天坐着轿子出去打牌赌钱……人世间，为什么有这么多的不公平？有时，他向陈先生请教这些问题，陈先生的回答，有的他能理解，有的还是理解不了。陈先生非常喜欢这位聪慧爱思考的弟子，经常悉心指点。一有空闲，就给他讲中外发生的大事，还教他作诗、对句。这一时期，蔡会文最大的变化是，开始以朦胧的民主进步思想去观察社会现实。

有一年，天大旱，好几个月都没下雨，水田干裂，颗粒无收，不少农民把仅有的一份山林薄土都押给土豪劣绅抵租抵债。为了能种上一点春收作物，大家凑份子钱，接来一尊木菩萨，在附近的栖真观“唱保章”，求菩萨显灵降雨。一个姓文的老者请陈先生做副对联。陈先生看了看蔡会文，说：“这副对联由你来做吧。”

蔡会文歪着小脑袋想了一下，写道：

山上有山，山山为寨，寨寨除民害；

田中有田，田田收租，租租含人泪。

陈先生看了后，高兴得不住地摸着蔡会文的头，他也兴冲冲地提笔挥毫，加了一个横批：祈祷苍天有眼。

由此，山田村都知道蔡家出了个小秀才，亲朋好友、附近邻村红白喜事需要写对联时，都会想到蔡会文。

有一年，蔡会文的堂舅父张家询做大寿，指明要他写对联。蔡会文一想到平日里张家询欺压穷人、鱼肉乡里，想趁这个机会好好地讽刺他一下，煞煞他的威风，于是爽快地答应了。蔡会文连夜拟好了对联，用红纸卷好，交给张家管家并交代："舅父是半夜子时所生，昏中来世，庸里得福，不同一般。这副对子，是我专门为他做的，应到半夜时分启封张贴，才不至于泄露天机。"

管家把这副对联一直放在身上，一直等到半

夜，才把它贴到大门两边。第二天早上，张家询穿戴整齐后，在大堂内正襟危坐，等着亲朋好友们来向他祝寿。但是，等了半天也没人进来。张家询不禁纳闷了，怎么回事？他走到大门口，只见赶来祝寿的亲朋高座和周围凑热闹的老百姓正对着对联戳戳点点，议论纷纷。张家询转身一看，只见那对联写道：

家家为你，吃了肿肚烂肠；
询询斥汝，听着改喜为丧。

张家询顿时气得脸都变成猪肝色了，他气急败坏地把对联撕了个稀巴烂。

1919年，蔡会文到离家不远的盘田小学读书。学校有一位刚从湖南省第一师范学校毕业的青年教师廖华如，担任蔡会文的国文老师。廖华如有时从《新青年》等进步刊物上抄录一些文章当教材，向学生宣讲进步思想，还结合当时的社会现状把深刻的革命理论讲得很透彻易懂，深得蔡会文喜欢。

有一次，廖华如出了一个“我的家乡”的题目，要学生写课堂作文。蔡会文闭上眼睛，神游了一番家乡山田后，提笔写了一首五言诗：

有山又有田，家乡叫山田。
农夫做牛马，土豪似神仙。
同生一块地，穷富两个天。
何时得平均？我要问苍天！

在攸县这个偏僻落后的小山村，小小年纪的蔡会文，为处在社会底层的穷苦百姓发出了愤怒的呐喊。

学运先锋

1925 年秋，蔡会文怀着“均贫富”的理想，以优异的成绩考入省会长沙的长郡公学（今长郡中学）。当时，毛泽东主编的《湘江评论》

也传入长郡公学校内，对推动湖南的反帝爱国学生运动产生深刻影响。随后，湘雅中学的《新湖南》、周南中学的《女界钟》、明德中学的《明德周刊》、长郡中学的《长郡周刊》等都相继出版。一时间，湖南长沙各校学生会宣传新思想的热潮悄然掀起。

长郡中学的中共地下组织还以“读书会”为掩护，秘密传阅各种革命书刊。当时，一本被列宁评价为“极有价值的书”——《共产主义 ABC》，经时任中共湖南区执行委员会书记的李维汉介绍给了长郡中学的中共党员。蔡会文是“读书会”的活跃分子，他得到这本书后，连夜从头到尾认认真真地读了一遍又一遍，心中就像点燃了一盏明灯。他坚信：共产主义一定会在全世界实现，这是人类历史发展的必然规律，是不以任何人的意志为转移的，他决心将自己的一生献给壮丽的共产主义事业。

“读书会”为他打开了一扇通向世界的窗口。通过阅读各种进步书刊，蔡会文逐步对劳工问题、妇女问题、民众联合、反对帝国主义、反对剥削制度等有了初步的认识。多年来，他一直以为家乡的父老乡亲们受苦受压迫，是因为地主的剥削，现在他终于明白，不仅是地主、豪绅和官吏的剥削，还有军阀和帝国主义等，中国穷苦大众在层层重压之下苦不堪言，国家任人宰割！

1925 年 10 月 16 日，北洋军阀屠杀安源路矿工人俱乐部副主任、中共安源地委委员黄静源，激起湖南人民的极大愤慨。湖南各地举行声势浩大的示威活动，蔡会文也积极参加了这一活动。10 月 20 日下午，当黄静源烈士灵柩抵达长沙车站后，蔡会文和同学一起站在游行队伍的最前面，带头振臂高呼："打倒帝国主义！""打倒军阀！""黄静源精神不死！"26 日，安源、醴陵等地广大群众召开了隆重的追悼大会。蔡会文带领长郡中学的同学一起冲破反动军警的把守，进入追悼会场参加悼念，会后发表讲演，散发传单，继续游行。

蔡会文在这次活动中经受了锻炼，不久就光荣地加入了共青团组织。他第一次深刻地体会到，只有团结才会有力量，只有斗争才能胜利！他突然想到“聚众起事”的故事，于是，立马把同乡好友刘振国叫出来，和他一起商量。

“如今，小人当政，君子在野，国家哪有富强的希望？但仅凭我们一己之力，是什么事情也做不成的。我们在这里结识不多，要是把我们攸县的同学都组织起来，成立攸县旅湘同学会，就有了自己的组织，做事就有力量了。”蔡会文对刘振国说道。

“学校不是有各种组织吗？”刘振国还不明白蔡会文的意图。

“当然，我们要跟全校同学统一行动，但我们也可以单独成立一个组织，学习省会各界的斗争经验，去影响和扶持家乡的革命活动呀。”

“要组织，就要把其他学校的攸县同学都组织起来，光靠长郡这几个攸县同学力量有限。”

“对！”蔡会文高兴地在刘振国肩上用力拍了一下说：“你和我想到一块儿了！”

蔡会文和刘振国的主张很快得到在省会求学的攸县学生的积极拥护。攸县旅湘同学会成立后，蔡会文经常召集会友在一起，学习马克思主义著作，畅谈感受，抒发政见。后来，蔡会文又组织同学成立了“南星读书社”，主办《攸县同学报》，开展革命宣传活动。

这年寒假，蔡会文回到老家后，向哥哥蔡兰阶介绍了长沙的革命斗争形势。他还动员哥哥打破“光宗耀祖”等陈腐观念，摆脱家庭束缚，积极投身到变革社会的革命斗争中去。在弟弟的激励下，1926 年秋，蔡兰阶顺利考入长郡中学，和弟弟会文一起共同学习，并肩战斗。

革命从自己家开始

1926 年 10 月，中共湖南区执委召开第六次党代表大会，会议特别强调发展民众势力的重要性，认为这是实现民众政权的保障。这次会议精神传达到长郡中学各级党、团组织后，蔡会文立即组织攸县旅湘同学会全体成员开展讨论。最后决定，由蔡会文利用寒假，带领同乡学友回攸县开展减租减息运动。

放假前夕，蔡会文由共产主义青年团员转为中共党员。从此，他以共产主义战士特有的激情，投入到轰轰烈烈的革命运动中。

寒假回到家，蔡会文、蔡兰阶兄弟俩见到父母，向他们介绍了长沙的革命斗争形势和革命的意义，动员他们把家里的粮食、田土、山林分给贫苦的农民。

父亲听到儿子要分自家的田地和山林，气得一下子瘫坐在地上半天说不出话来。母亲听后，虽然没有吭声，但心里还是支持儿子的。

几天后，蔡会文在栖真观召开了山田村农民协会成立大会，他首先安排一位苦大仇深的老贫农刘苍根进行诉苦。面对数百个苦难乡亲，刘苍根倾吐了一家几代人的苦水。他激昂陈词，历数豪绅地主欺压农民的罪状。最后他说："眼看就是年关了，财主们哪一户圈里没有猪，笼里没有鸡，塘里没有鱼？可我们呢？年头搭年尾，替他们做牛做马，年米在哪里？年肉在哪里？身上穿的是什么东西！……"

听了刘苍根的这番话，台下的群众个个都攥紧了拳头。在蔡会文的带动下，“打倒土豪劣绅”的愤怒呼声，震撼了凉江乡的各个村落。

“乡亲们，我们世世代代受剥削、受压迫，今天终于有权利说话了！因为我们有了自己的组织。只要我们团结在农会的旗帜下，就能把土豪劣绅，把一切骑在我们头上的封建势力打倒！今后，我们要在农协领导下，坚持斗争。当然喽，要斗争，首先要解决吃饭问题。眼下我们最缺的就是粮食，散会之后，大家带上箩筐，到我家门口集合！”

一听说要分粮了，到会的群众突然像长了翅膀一样，往家里飞。不一会儿，上百号挑箩筐、背米袋的群众，就在蔡家老屋的大门前聚集。

蔡会文笑嘻嘻地对大家说：“跟我来！”随后，径直向自己家的粮仓走去，打开粮仓，让张冬瓜帮着端桶装谷，又叫母亲张氏搬出钱柜放在大门口，谁挑一担谷子出门，就往箩筐里放上一块银元。

晚上，蔡会文又带领全乡的农民群众到大土豪张家询、陈洋芬家里吃大户，迫使他们开仓济贫。

蔡会文、蔡兰阶“革命从自己家开始”，一时在当地传为佳话，凉江乃至攸县的农民运动从此轰轰烈烈地开展起来。

纵横罗霄

弃笔从戎

随着农民运动的迅猛发展，1927年4月21日，湖南省农民协会与湖南省总工会联合，在长沙成立了工农自卫军干部训练队，招收300多名学员进行新式训练，为各地培训工农武装骨干。

蔡会文作为学生党员代表，被选调到工农自卫军干部训练队，编入第3中队，任2班班长兼党小组长。自卫军干部训练队的教官对学员要求十分严格，一日三操两课，课程安排得满满当当。蔡会文虽然是学生出身，但特别能吃苦，对紧张艰苦的军营生活满心喜欢。在完成规定的课程外，他还常常给自己加码。

工农自卫军干部训练队的学员成分复杂，有学生、工农积极分子，也有旧军队的底层军官。蔡会文算是“高级知识分子”了，但却十分谦虚低调，思想作风正派，和工农出身的同志相处得十分和谐。他把全部精力集中在学习和训练上。在开训不久的一次测试中，他的成绩十分突出，政治、军事考核全优，因此，很快被提升为排长。1927 年，国内政治局势变化多端，继蒋介石在上海发动“四一二”反革命政变后，5 月 21 日，国民革命军第 35 军第 33 团团长许克祥在长沙突然发动政变（史称“马日事变”）。在“宁可错杀三千，不可放走一人”的叫嚣声中，短短 20 多天里，在屠杀了长沙附近各县 1 万多共产党人和革命群众。一时间整个长沙陷入了一片白色恐怖之中。工农自卫军干部训练队被迫停办。长沙是无法待下去了，蔡会文决定和哥哥蔡兰阶一起转移回乡。

蔡会文和哥哥蔡兰阶经过乔装打扮返回攸县，但此时的攸县也今非昔比了。“马日事变”后，攸县土匪头目罗定主动投奔许克祥，被封为攸（县）茶（陵）安（仁）醴（陵）挨户团司令。他一想起曾被湘东各县农民赶得无路可逃的窘境，就恨不得把这些革命群众斩尽杀绝。一上任就狂叫要“血洗茶攸二县，外带醴陵莲花”，还把大革命时期被攸县人民打倒的反动绅士余公倩、刘拨克分别派往茶陵和醴陵，充当他镇压共产党员和革命群众的帮凶，命令团防局局长陈洋芬到处抓人。罗定自任“救党委员会”主任，坐镇攸县，专门捕杀革命分子。他还专门提出“捉拿蔡会文者，赏银元四千元”的赏格。由此，整个攸县一片腥风血雨。蔡会文和哥哥蔡兰阶绕过县城，从距县城15里地的沙陵陂涉江而渡，趁深夜偷偷摸进了山田村的家中。此时的父亲久卧病榻，生命垂危，一向疼爱儿子的母亲一把抱住兄弟俩，边哭边数落。

蔡会文和哥哥轻轻地扶起母亲，擦掉她眼角的泪水，饱含热泪地对母亲说：“娘！请恕孩儿们不孝，救国救民的革命路，我们走定了。我们不需要父母的农业，我们坚持走自己选择的路，只要父母不加阻拦，就算最大的支持。”

自古忠孝不能两全。蔡会文和蔡兰阶俩兄弟舍弃小家，舍弃孝敬父母，毅然决然地走向革命队伍，选择了为革命事业尽忠！

团防局局长、大土豪陈洋芬得知蔡家兄弟回来了，连夜带着团丁破门而入，对着蔡母大骂："你家出了这样的'乱臣贼子'，不除掉，我们将后患无穷"他指使团丁在蔡家老屋到处搜查。蔡母故意大声和陈洋芬争执，听到争吵声的蔡家兄弟急忙破窗而逃。

逆流前行

蔡会文辗转来到国民政府所在地武汉。此时，根据周恩来的指示，国民革命军第 11 军第 24 师师长叶挺成立了教导队，专门收容湖南、湖北等地受反革命势力迫害的青年学生和工农积极分子。蔡会文也进入了该教导队。7 月下旬，蔡会文被分配到国民革命军第二方面军总指挥部警卫团第 1 营第 1 连任党代表，这年他 19 岁。当时，警卫团团长是共产党员卢德铭。

卢德铭是黄埔军校第二期毕业生，在校期间就加入了中国共产党，他思想进步，能打善战，是叶挺的一名得力干将。在大革命的关键时刻，卢德铭担任警卫团团长这一重要职务。卢德铭对蔡会文的到来非常满意，对他说道："我是当团长的，我一定要把这个团带好，训练好，上下团结得像一个人。你当党代表，也要把全连带好，团结得像一个人。尤其是要关心士兵，关心他们思想政治上的进步。"蔡会文从卢德铭的身上，看到了革命的力量和希望。

1927 年 8 月 1 日，南昌起义爆发，由中国共产党领导的革命武装向国民党反动派打响了第一枪。卢德铭决定去南昌响应起义。次日，卢德铭率领全团 2000 多人，登上轮船顺流而下，颇有"千里江陵一日还"的气势！在船上，蔡会文和第 3 营第 12 连连长伍中豪并肩站在一起，他们仰望着漫天星辰，听着滔滔的江水，心情十分激动，思潮翻滚，为将要参加中国共产党领导的伟大的武装起义而兴奋！

卢德铭估计敌人会在九江布防，继续南下有

危险，决定在阳新县黄颡口登陆，改由陆地行军。部队上岸后，有些同志发牢骚，认为有船不坐，偏要翻山越岭自找苦吃。蔡会文虽然不知道上级突然改变行军路线的意图，但他认为服从命令是革命军人的天职，他一边鼓动部队，一边带领连队拼命赶路。

8月6日，当蔡会文随卢德铭来到武宁县时，得知南昌起义部队已撤离南昌。卢德铭决定到武汉向中共湖北省委请示下一步行动。湖北省委传达了中共八七会议精神，要求他们立即返回部队，把那一带的农民武装组织起来，参加毛泽东领导的秋收起义。

1927年9月初，毛泽东在安源张家湾召开军事会议，会议决定，参加湘赣边界起义的主力统一编为工农革命军第1军第1师。余洒度任师长，余贲民任副师长，钟文璋任参谋长，下辖3个团蔡会文所在的团为第1团，全军共5000人。起义前夕，余洒度又收编了滞留在鄂南一带的黔军残部邱国轩团为第4团。起义时间定为9月9日。

卢德铭按照湖北省委的指示和要求，回到修

水后，参加毛泽东领导的秋收起义，并担任起义部队总指挥。后来，毛泽东为此写下《西江月·秋收起义》这首气势磅礴的著名诗词：

军叫工农革命，
旗号镰刀斧头，
匡庐一带不停留，
要向潇湘直进。
地主重重压迫，
农民个个同仇，
秋收时节暮云愁，
霹雳一声暴动。

9月9日，工农革命军第1师第1团和师部在驻地江西修水县城宣布起义。蔡会文被任命为第1团第1营第1连党代表，他带领部队立即从修水出发，向湖南平江长寿街进军。

第2团先后攻克了醴陵、浏阳等地，由于没有及时撤出浏阳城，被敌人包围，导致部队被打散，大部分英勇牺牲。

毛泽东所在的第3团顺利攻克浏阳白沙、东门市后，由于强敌反扑，在战斗中失利，部队损失很大。毛泽东当即决定向萍乡方向退却。

9月14日，第3团撤至浏阳上坪。当晚，毛泽东召开了第3团连以上干部会议，他根据各路起义军连续受挫的情况，分析了敌强我弱的客观形势，当机立断，决定放弃原定攻打长沙的军事计划，并以前委书记的名义，通知各起义部队到浏阳县文家市集结。

9月19日，毛泽东率第3团首先抵达文家市。随后，第1团、第2团也先后到达。夜幕降临，毛泽东在里仁学校的一间教室里，主持召开有师团主要负责人参加的前敌委员会会议，围绕关系中国革命前途和道路的重大问题展开讨论。会议争论激烈，一直开到次日凌晨1点多。前委决定：保存实力，退至萍乡，再往湘南，摆脱敌人，休整部队，同粤北、湘南农民军会合后，再执行原定湘南暴动计划。

9月20日早晨，里仁学校的操场上，1500多名经过秋收起义战斗洗礼的革命战士，排成整齐的方阵，等候毛泽东讲话。

突然，人群中有人小声地说："来了，来了，毛委员来了！"战士们刷地转过头，朝操场侧门望去。毛泽东在卢德铭等人陪同下，迈着雄健的步伐，朝操场临时搭建的主席台走来。他目光坚定，满脸挂着笑容，大声说道："中国革命没有枪杆子不行。这次秋收起义虽然受挫折，但算不了什么！胜败乃兵家常事。我们的武装斗争刚刚开始，万事开头难，干革命就不要怕困难。我们有千千万万的工人和农民群众的支持，只要我们团结一致，继续勇敢战斗，胜利一定是属于我们的。我们现在力量很小，还不能去攻打敌人重兵把守的大城市，应当先到敌人统治薄弱的农村去，保存革命力量，发动农民群众，开展土地革命。"

毛泽东挥舞着拳头，打了个生动的比喻："我们现在力量很小，好比是一块小石头，蒋介石好比是一口大水缸，总有一天，我们这块小石头，要打破蒋介石那口大水缸。大城市现在不是我们要去的地方，我们要到敌人统治比较薄弱的农村去，发动农民群众，实现土地革命！"

这是蔡会文第一次见到毛泽东，他生动的比喻、亲切的教导，鼓舞、鞭策、激励着蔡会文。回想走上革命道路的这几年，虽历尽艰难和曲折，甚至给家人带来不幸，他无怨无悔，甘愿做一颗革命的“小石头”，矢志不渝地坚信，革命的小石头一定能摧毁反革命的长堤！

9 月 21 日，毛泽东和卢德铭、余洒度率领第 1 师从文家市出发，沿着罗霄山脉南下，向江西萍乡、莲花方向前进。25 日，天刚蒙蒙亮，部队经过萍乡芦溪山口岩向武功山转移时，突然遭到敌人伏击，总指挥卢德铭不幸中弹牺牲，年仅 22 岁！

起义部队在转移的过程中，沿途征战不断，损兵折将十分严重，从敌人那里缴获的许多枪支无人背。枪是革命的命根子，无论如何也不能丢失。蔡会文发动全连指战员挑着枪支行军，他自己一挑就是 8 支枪。

由于连续行军作战，十分劳累，也得不到休息，许多同志患上了疾病，蔡会文也打起了“夜摆子”，一到晚上就先打寒颤，然后发烧，苍白的嘴唇裂开一道道血口子。“打摆子”刚好，他又得了痢疾，浑身无力。蔡会文强支撑着身体，带领连队白天行军、作战，一到驻地又马不停蹄地宣传和发动群众。晚上，他还要到各个关隘要道巡岗查哨，这样夜以继日地持续了 1 个多月，本来清瘦的脸庞更加消瘦了。

秋溪建党

秋溪地处江西永新，是七溪岭脚下的自然村，和龙源口、厚山两个自然村互为犄角。上七（公里）下八（公里）的七溪岭，是永新上井冈山的主要交通要道。

要把秋溪南面的新老七溪岭建成保卫井冈山的坚固前沿阵地，就必须把秋溪的群众发动起来。蔡会文根据毛泽东的指令，来到秋溪乡做群众工作。蔡会文白天跟老乡一起劳动，晚上点上火把，挨家挨户去了解群众的困难和心声，用通俗易懂的话语启发群众，向他们宣传革命道理，鼓励他们起来斗争。蔡会文说："以前土豪说我们贫苦人民是'死铁'，没有用，我们穷人这块'死铁'最有用。共产党好比一座大熔炉，'死铁'在大熔炉里百炼成好钢。只要我们组织起来，就有强大的力量。大家一条心，跟着共产党，跟着毛委员，革命一定会成功！"

这天晚上，蔡会文来到贫农李松林家。只见李松林一家几口围在一盘野菜汤前。蔡会文朝锅里一看，这那里是汤，分明是清水嘛，都可以照出人影来！他连忙掏出自己积存的一点"伙食尾子"给战士小马："你马上去买点米来吧。"

"党代表，我吞下你给的米饭，也抑制不住我心里的怨恨呀！"李松林愤愤地说道。

"老李，俗话说，冤有头，债有主。对土豪劣绅的剥削压迫，乡亲们心里有怨气。我们要出这口怨气，就要打倒土豪劣绅，清算他们的罪行。"蔡会文一边往土灶里添柴火，一边和李松林谈心，"毛委员亲自来到咱们秋溪调查土豪劣绅的情况，希望乡亲们迅速开展打土豪分田地的斗争，现在就缺一个领头的人……”

不等蔡会文把话说完，李松林“腾”地站起来，大声说道：“我李松林与其让土豪劣绅剐皮抽筋，不如跟他们拼个你死我活！党代表，这个头我领！”

1928 年 2 月底，经过精心计划，蔡会文带领李松林等秋溪乡的 100 多个贫苦农民，顺利地打开了当地大土豪龙德普的铁锅厂，将 20 多口铁锅全部分给贫苦农民，还把他们家的粮仓打开，将几百石谷子分给了群众。在庆祝胜利的锣鼓声中，“秋溪乡苏维埃政府”的大红牌子端端正正地挂在象山庵的大门口。

随着群众思想工作的不断深入，特别是工农运动逐步推向高潮，群众的思想觉悟得到很大提高，涌现了一批具备入党条件的先进分子。蔡会文向毛泽东汇报后，毛泽东决定在秋溪乡发展第一批党员。

一天晚上，风清月明，准备参加入党宣誓的 13 名先进分子，怀着无比激动的心情先后来到秋溪乡明心寺。毛泽东早就微笑着站在门口，蔡会文站在一边一一介绍来人。

“毛委员，这就是李松林。”蔡会文指着李松林介绍道。

“松林，听蔡会文同志说，你斗争很积极呀！”

“毛委员一来，我们穷人就有靠山了！”

“革命要靠大家，建立农村根据地就要靠农民群众，你们秋溪的群众不起来，那龙德普也打不倒呀！”毛泽东笑容满面地说，“松林，你这个名字取得好。松树不怕苦，敢斗争，冻不死，晒不枯，坚强得很；林字两个木，很多树木连成排，合成林，更不怕狂风骤雨，因为树多了嘛！今天，你要团结更多的人起来打土豪、分田地、干革命。”

“要不是共产党为我们穷人办事，我都叫动不了几个人。”李松林憨厚地笑着说。

“说得对。”

毛泽东和每一个同志握手后，把大家领到后厅。只见一面鲜红的党旗早已挂在墙上。大家顿时心潮澎湃，热血沸腾。

毛泽东站在党旗旁，举起紧握拳头的右手，带领大家庄严地向党宣誓：

“牺牲个人，服从组织。阶级斗争，努力革命。严守秘密，永不叛党！”洪亮、庄严的声音，在陈旧的明心寺中回荡。

13位觉悟农民跟着毛泽东一起，举起右手，庄严宣誓。宣誓结束后，毛泽东勉励新党员，从现在起，你们都是光荣的共产党员了。今后要团结群众，依靠群众，努力工作，不断革命，为共产主义事业奋斗终生。新党员激情满怀地表示，今后一定要听毛委员的话，照入党誓词去做，跟着党，风吹浪打不回头，海枯石烂不变心。

根据毛泽东的指示，第二天成立了秋溪乡党支部。支部设在龙源河边、七溪岭下的明心寺。秋溪乡党支部成立后，毛泽东回到了井冈山。他让蔡会文继续在秋溪巩固和扩大工作成果。蔡会文就带领党支部成员在这里每周举行一次会议，学习毛委员的指示，布置侦察任务，研究打土豪和配合工农红军作战，讨论发展党员等工作。仅半个月后，蔡会文又在秋溪发展了30多名党员，还以党支部为基础帮助建立了中共秋溪乡特别区委。

根据毛泽东关于“军队的武装帮助地方武装的发展”的指示，蔡会文还在秋溪乡帮助成立了暴动队和赤卫队。暴动队以鸟枪、梭镖为武器，任务是镇压反革命、保卫乡政权，敌人来了帮助红军或赤卫队作战。赤卫队的任务是和土豪劣绅的保安队、挨户团作战。秋溪乡暴动队是边界各县最早建立的工农暴动队之一。秋溪乡党支部建立后，领导人民群众在支前、参战、打土豪等方面发挥了核心堡垒作用，被誉为苏区的“模范党支部”。

草市坳战斗

1928 年 4 月，朱毛会师后合编为工农革命军第 4 军，朱德任军长，毛泽东任党代表。5 月初，工农革命军第 4 军改编为第 29 团、30 团、31 团、32 团和 33 团，蔡会文任第 31 团机枪连党代表。井冈山革命武装力量的迅速扩大，引起湘赣两省敌人的极大恐惧。湖南、江西两省国民党军调集重兵包围和封锁井冈山地区，对工农革命军第 4 军不断发起“进剿”和“会剿”。

5 月 13 日，赣敌以杨如轩的第 27 师和王均的第 7 师 1 个团、杨池生的第 9 师 1 个团共 5 个团的兵力，向井冈山根据地发动“进剿”。

朱德命令袁一民率第 31 团第 1 营，蔡会文率机枪连西出湘东，佯攻茶陵高陇，稍后又亲率第 28 团，浩浩荡荡向湖南方向运动。

杨如轩得知红军主力已去湖南，决定乘虚向井冈山进攻。他派出两个团，取道七溪岭，直扑宁冈城。

得知敌人已经上钩，5 月 16 日，第 31 团第 1 营在营长袁一民的率领下以及蔡会文配合下机枪连，和第 28 团在高陇与湘敌展开激战。

红军奔袭高陇的行动，调动了驻永新之敌。杨如轩见红军西出茶陵，命令主力南渡禾水河，企图乘虚进占根据地的中心宁冈。

红 4 军得知这一情报，决定乘敌主力南进、永新城内兵力空虚之机，令红 4 军主力由小西江奔袭永新城，歼灭驻城内的第 27 师师部，摧毁敌军指挥部，然后集中全军兵力粉碎敌人的“进剿”。

5 月 19 日，第 28 团和第 31 团第 1 营向永新方向急进，在距永新 15 公里的草市坳地区，布防拦截由永新城向里田方向西进的敌第 79 团。第 28 团负责正面攻击，第 31 团第 1 营担任敌侧后攻击。

草市坳是一个典型的丘陵地貌，山不太高，但山上树木杂草丛生，山峦由东而西，绵延不断，像一道天然的绿色屏障。山下有一条大路，夹在草市坳和禾水河之间，蜿蜒曲折，由永新通向里田和界化陇。禾水河源于莲花琴水，到了草市坳这段河道，已是流急水深。河对面是一片稻田，田里的禾苗刚刚平膝盖高。这实在是打伏击的好地方！敌人一旦遭到红军居高临下的袭击，路上摆不开阵，禾水又飞不过，稻田里也无法藏身，只有夺路往回逃跑。

19 日中午时分，杨如轩第 79 团出现在永新的山路上。待敌人全部进入包围圈后，一颗信号弹腾空而起，埋伏在草市坳的第 28 团居高临下，全线出击，步枪、机枪一起向敌人吼叫，打得敌人纷纷往山上钻，路上躺满了敌人的尸体。禾水河的水也染成了红色。

待敌人窜到草市山的山包下，蔡会文大喊一声：“打！”一阵雨点般的枪弹，把敌人打得鬼哭狼嚎。敌团长刘安华急忙把机枪连调来，拖过几具尸体垒成掩体，把机枪架在上面和红军机枪阵地展开对射。敌人的枪弹像蝗虫一般朝山包上飞去，但没有一个敌人往上冲。

“停止射击！”蔡会文盯住卧在山坡上一动不动的敌人，知道敌人企图以优势装备来消耗红军火力，于是命令机枪手们在山背后监视敌人。

刘安华一听到山包上的机枪哑了，霎时从地上蹦起来，吼叫着：“给老子上！”

敌人刚刚爬到半山腰，蔡会文指挥 4 挺机枪一起呼啸起来，敌人又被压在山坡上抬不起头来。但此时红军左翼的机枪手不幸中弹，被压制的敌人又蠢蠢欲动，在这个关键时刻，蔡会文纵身跃了过去，操起机枪，在前沿阵地上边扫射边往敌群中冲去。其他几名机枪手见状也紧跟着朝山坡上的敌人扫射，终于打退了敌人的进攻。

这时，草市坳那边的冲锋号吹响。这意味着第28团已经顺利解决战斗，残匪一定会往草市山口集中做最后的挣扎。蔡会文命令其他3挺机枪手坚守阵地，他自己操起一挺机枪钻进了杂草丛中，朝敌侧后迅速匍匐前进。

不出所料，残匪们如丧家之犬跑过来了。刘安华为了保存兵力，把残部分3路，在机枪掩护下一个接一个往山包上钻。

“嗒！嗒！”蔡会文像天兵天将一样突然从杂草丛中冒出来，机枪口对着敌人一阵扫射。

“瞎了你的狗眼！”刘安华看见自己身后的士兵被机枪掀翻了一大片，还以为是自己的机枪手走火了。等他回头一看，是一个身材魁梧、头戴八角帽的年轻红军，正端着机枪扫射，更要命的是，后面还来了一大群红军！刘安华见状，一转身翻上马背，企图在混战中涉过禾水河逃跑，蔡会文端起机枪就是一梭子，刘安华尸沉河心，他的马还在河岸上。

草市坳战斗结束后，第28团和第31团第1

营机枪连以迅雷不及掩耳之势，乘胜奔袭永新城。至此，井冈山革命根据地成功打破了赣敌的第三次“进剿”。

龙源口大捷

1928 年 6 月中旬，国民党以 5 个团的兵力，从吉安进攻永新，开始向井冈山根据地发起第四次“进剿”。

毛泽东、朱德、陈毅分析后决定：对战斗力较强的湘敌取守势，对战斗力较弱的赣敌取攻势，集中力量打击来犯之赣敌。

22 日上午，朱德、陈毅在宁冈新城召集营以上干部参加军委扩大会，讨论决定：胡少海率领第 29 团，陈毅安、蔡会文率第 31 团第 1 营和机枪连，在新七溪岭阻击敌第 27 团；王尔琢、何长工率第 28 团在老七溪岭迎击敌第 25 和第 26 团。

七溪岭，又称梁公岭，是横亘在宁冈北面的

一座群山，山中树高林密，怪石峻岩，极为险峻。新、老七溪岭一左一右，像两扇铁门，扼守着根据地的大本营。两座山岭之间有一条小路盘旋而上，通往宁冈新城。

22 日晚 11 点，蔡会文踏着铺满清淡朦胧月色的小路，在宁冈的山寨茅舍之间穿梭奔走。

“请问老石在家吗？”

“刚回来，党代表。”宁冈县赤卫大队队长石敬庭一听口音就知道是蔡会文来了，一边打招呼，一边点亮油灯。

“竹钉准备得怎么样了？”

“都埋好了，老表们刚下山呢！”

“你们辛苦了！”蔡会文感激地说。

“要是隔夜埋好，让周围的草沾上露水再埋，竹钉就很难发现，这样效果更好了。”

蔡会文辞别石敬庭，此时的启明星已在东方的天边闪耀着。

23 日凌晨，朱德、陈毅率第 29 团、第 31 团第 1 营以及机枪连从新城出发，穿过“吊谷上仓”“蛤蟆湖”栈道，抢在敌人前面，占领了新七溪岭的制高点——望月亭。

这天大雾弥漫，是中国传统的端午佳节。

日上三竿，杨池生骑着高头大马，驱赶着他的部下朝新七溪岭奔来。敌人迅速在山脚下展开队形，一阵疯狂的机枪吼叫，把山上的枯枝败叶打得四散飘零。一听山上没有动静，杨池生立即命令停止火力侦察。他满以为红军还没有到达，急忙催促部队迅速占领新七溪岭的制高点望月亭。

200 米、100 米、80 米……敌人呼哧呼哧爬上来了。

"打！"

第 29 团团长胡少海大喊一声，一时间数百支步枪、鸟枪一起向敌人开火。但第 29 团是宜章农军组成，枪支不多，不久就暴露出劣势，阵地开始被敌突破。

在这关键时刻，蔡会文率第 31 团机枪连及时赶到。他迅速集中火力，猛烈阻击，才把敌人压下去。杨池生自恃武器精良、弹药充足，又集中七八挺机枪，压向望月亭，抢占了地势险要的风车口，并在那里架起几挺机枪，掩护部队向前冲锋。一时间，红军被敌人密集的火力压得抬不起头来，情况非常危急！

军长朱德见状，立即赶到望月亭，提起一挺冲锋枪亲自上阵，向敌人猛烈扫射，这时，一颗子弹打穿了他的军帽，他也全然不顾，大声命令道："摘掉敌人机枪！"

蔡会文一马当先，率领班长马奕夫担负摘掉敌机枪的重任。他俩时而以树木作掩体，时而又匍匐在怪石旁，很快就接近了风车口。"轰隆！"蔡会文甩出几颗手榴弹，把敌几挺机枪炸得只剩一挺。

"冲啊！"战士们见状，跃出壕沟。不料，敌人的机枪在短暂的停顿之后又重新吐出了火舌，冲在前面的战士一下子倒下了好几个。

马奕夫见状，怒火中烧，他一步一步地爬向敌机枪位置，最后使劲全身力气，把手榴弹投向了火力点，机枪立马哑声了。但他自己也不幸中弹牺牲。

"为马班长报仇！"参战的第29团、第31团第 1 营以及机枪连战士随即发起了凌厉攻势，终于把敌人压下了风车口。

杨池生汗流如雨，老七溪岭方向不断传来急骤的枪炮声，让他更加心急如焚，生怕杨如轩抢了头功。于是，他一咬牙，命令部队向望月亭左边的山梁发起集体冲锋。

蔡会文来到第 1 营阵地上，对第 2 连连长张宗逊说:“看样子该轮到你了，号兵准备好了吗?”

张宗逊迅速下达了准备冲刺的命令，然后趴在前沿阵地上观察敌情。

宁冈县赤卫大队大队长石敬庭，拿着一把明晃晃的大刀，看到打头阵的敌人足足 1 个连，渐渐接近了竹钉阵和陷阱。他一挥拳，顿时几十把军号一起吹了起来。老表们还拿鞭炮放在事先准备好的铁皮桶里燃放，马上发出“砰砰砰砰”的响声，再加上赤卫队的呐喊声，一时间地动山摇。敌人不知虚实，都吓傻了眼，队伍一下子就散了。

突然，“哎哟！”“哎呀呀！”匪徒们进入赤卫队的竹钉阵和陷阱，一个个被刺穿了脚板，有的则掉进了陷阱，一个个仰天哭娘团团转。

从新七溪岭溃退下来的杨池生，一看无法挽回残局，一纵身上了马，像一条断了脊柱的癞皮狗，哼都不敢哼一声，那双布满血丝的眼睛，凶狠而又无可奈何地回头望了一眼望月亭，然后一挥马鞭，立刻被扬起的尘土卷进去。

新七溪岭战斗打响后，老七溪岭也随即展开了激战。至下午三四点钟，敌人全部被歼灭。

龙源口战斗是红 4 军成立以来进行的最大规模、最为激烈的一次战斗。对红军的这次辉煌胜利，边界军民编了一首歌谣，热情赞道：

朱、毛会师井冈山，
率领工农打胜仗。
不费红军三分力，
打败江西两只羊（杨池生和杨如轩），
真好，真好！
快畅，快畅！

龙源口大捷标志着赣敌对井冈山革命根据地的第四次“进剿”即告破产。

年轻的党代表

早在 1927 年 11 月，根据毛泽东的建议，在宁冈龙江书院成立了工农革命军第 1 军第 1 师第 1 团军官教导队。但因为边界斗争日益激烈，军官教导队被迫中断。1928 年 6 月，工农革命军第 4 军改称工农红军第 4 军。8 月，红 4 军军官教导队在茨坪开办。蔡会文被任命为教导队党代表。

“小宋，你是什么出身？”宋裕如刚进教导队，党代表蔡会文就把一个表递给他。

“我搞过农民协会，搞过暴动，但还没有划过阶级，不知什么贫农、中农、富农、地主，只知道无产阶级应当反对剥削阶级，穷人打倒土豪劣绅。”宋裕如摸了摸后脑勺说。

“那你家里是什么情况？”蔡会文又问道。

“三代都是帮别人种田。”宋裕如老实回答说。

“那就是雇农嘛。”蔡会文笑了笑说。

在这批学员中，有各个连队和根据地赤卫队选拔来的优秀战士，但也有从绿林武装中改编来的“豪强”和“英雄”。如何把这支五花八门的队伍改造为一支真正的无产阶级的革命队伍？对于刚刚20岁的蔡会文来说，是一个不小的挑战。

蔡会文把自己参加秋收起义、开辟和巩固井冈山根据地的全部实践经验和教训，编成教材，向学员讲解。在讲建立根据地建设的重要意义时，他说：“革命根据地，就像人有个家，如果一个人老是在外面飘飘荡荡，不生根，不落脚，就永远成不了大器。”蔡会文有理论水平，讲课耐心细致，善于启发大家的理解力，说话又很有煽动力，学员们很快就喜欢上他的政治课。

教导队的很多学员没有进过校门，大字一个不识。蔡会文就先从歌词里的字教起。学员们进教导队的第一课，就是学唱《国际歌》，后来又学《红军跑步歌》等。蔡会文耐心地教学员，这个是什么字，那句歌词是什么意思，讲得又生动，又具体，又实际。此外，蔡会文还要求每一名学员每天必须认识五六个生字。识字的方法是每天记熟一条标语口号，如“打倒帝国主义”“打土豪分田地”“共产党万岁”“扩大红军”等。这样，学员们不仅记熟了标语口号，又识了生字，提高了文化水平，还提高了政治水平。

当时，军官教导队的办学条件十分艰苦和简陋，既没有固定的教室和桌椅，也没有纸、笔和黑板，更谈不上集体宿舍了。但这些难不倒乐观的革命战士！没有教室，他们就在露天上课，垒砖为桌、石块为凳。没有黑板，就用茨坪祠堂门口的石头代替，用木炭当粉笔。没有笔纸，就地取材用木柴棍子在地上写字。没有床铺，学员们就分散住在老百姓家里，或者在祠堂里打地铺。

“党代表，日后土豪劣绅别再想拿假地契、假借据来蒙我！”一个学员兴冲冲地把自己写的苦难身世交给蔡会文看。

“不，我们学文化，不是为了看地契、写借条，而是为了擦亮眼睛，认识黑暗社会，去学习和接受真理，更好地干革命。”

由于蔡会文的启发诱导，教导队的全体学员掀起了学文化的热潮。许多同志晚上点着松明火把看书、练字。他们还在学习笔记本上写下了这样一句话：为了共产主义事业，坚决奋斗到底！

毛委员十分关心教导队的工作。尽管工作繁忙，但每次到了茨坪，他都要到教导队来看一看，和学员们谈谈心，问问大家的学习、生活情况。有一次，毛委员来到教导队，看见学员们正在写“打倒帝国主义”的标语。他看了以后笑着说：“不打都会倒，少了一条腿嘛！”

朱德军长也经常到教导队来，看到学员们晚上没有被子冻得瑟瑟发抖，就鼓励学员们说：“多想想办法，路是走出来的，天下是打出来的，办法是想出来的嘛！”一次，朱德很早就起来看学员们上操，只见蔡会文带着大家刚跑完步回来，一个个脸上红通通的，头上直冒热汗，便高兴地对蔡会文说：“你们有办法，这就不冷了嘛！”

蔡会文望着朱军长那双套在草鞋里的光脚板，心头涌起无限敬佩：他为革命风雨无阻，艰辛备尝，自己身上穿得那么单薄，还冒着凄风苦雨，深入部队驻地检查工作，关心战士疾苦，惦记革命工作。蔡会文惭愧地低下头说：“军长，是我的

失职。”

“我不是来批评你的。我们做党代表的，更要把战士的疾苦放在心头，把工作做得更好、更细致。”军长和蔼地说道。

从第二天起，蔡会文早晨就会从稻草里钻出来，带领学员们翻山越岭跑操。在滴水成冰的寒冬，在广袤的井冈山上，教导队的全体学员成为这里第一批迎接曙光的人群。

在这支规模队伍的最前面，奔跑着一只猎犬，后面紧紧跟着的是一位个子高但动作十分敏捷的年轻人。只见猎犬一直往前飞奔，越溪流，上陡坡，钻荆棘，越山梁，企图摆脱主人对它的尾追。但是，猎犬的主人就是紧追不放，穿浓雾，踏霜草，折冰枝，腾飞沟，越涧流，直到猎犬弓着背，气喘吁吁地吐着舌头，服服帖帖地趴下才罢休。很多年以后，教导队的学员们和井冈山的老百姓，仍对蔡会文每天清晨和猎犬赛跑的苦练精神都念念不忘。

转战赣水

出击赣南闽西

1929 年 1 月中旬，毛泽东、朱德、陈毅率红 4 军主力离开井冈山向赣南闽西出击。2 月 1 日，红 4 军主力到达闽粤赣 3 省交界的罗福嶂山区后，重新进行编组，蔡会文所在的第 31 团编为第 3 纵队。

2 月 9 日，红 4 军转进瑞金地区。此时，敌第 21 旅第 42 团和第 34 旅第 68 团已前出雩都，第 21 旅第 41 团在会昌停滞不前，战斗力较弱的第 15 旅第 29 团、第 30 团继续追击红 4 军主力，态势颇为孤立。红 4 军前委决定，主力埋伏在瑞金以北大柏地两侧求歼该敌，以 1 个营在隘前警戒，负责将敌诱进伏击区。

大柏地位于瑞金城北 15 公里处，有一条长达 5 公里的峡谷，两侧峰峦叠嶂，山林茂密，地势险要。蔡会文所在的第 3 纵队担负从左翼向敌侧击的任务。2 月 10 日下午 3 时，敌第 15 旅两个团进至隘前，战斗打响。第 3 纵队在第 28 团的有力配合下，以勇猛的动作，向敌发起攻击。敌退至谷底，包围圈一步步缩小，团长伍中豪看到决战的时刻到了，立即下令冲锋。早就憋了一肚子气的红军战士像一股洪水一样向峡谷倾泻过去，与敌展开白刃格斗，战至第二天正午，将敌军两个团大部歼灭，俘敌 800 余人，缴获步枪数百支，机枪 6 挺。因为枪支太多，有些坏枪背不了，战士们就把它们砸烂丢进河里。他们还编了个顺口溜："缴到九响铳，就往河里送。"

大柏地战斗的胜利，初步扭转了红 4 军被敌尾追的被动局面，战士们一扫愁容，欢呼雀跃，一个个举枪高呼："大柏地，大柏地！我们胜利了！"第 31 团因战绩卓著，受到前委赞扬。

1929 年 6 月，蔡会文担任中共第 3 纵队委员会书记，纵队长为伍中豪（早在3月份即任此职）。前委决定：红4军二次入闽，向龙岩方向挺进。

龙岩是当时闽西政治、经济和文化中心，又是交通枢纽。盘踞在龙岩的是福建省防军第1混成旅，旅长是号称陈大麻子的陈国辉。为了消灭陈国辉部，扫清红军在闽西扩展的障碍，红4军以第3纵队担任主攻，不到半个月两克龙岩城，终于将正率部参加粤桂军阀战争的陈国辉及其主力部队调回。于是，红4军仍以第3纵队为主攻，发起三打龙岩的战斗。

战前，蔡会文、伍中豪要求3个支队和大队干部：前两次克龙岩，陈国辉的主力不在，这一次不同了，一定要周密部署，全歼敌军。根据蔡会文和伍中豪制定的作战方案，6月19日上午战斗正式打响，第7支队和第8支队在纵队党代表蔡会文的带领下，奋勇打垮了虎头岭、高亭的守敌，攻破北门，夺下“州龙当顶”制高点，全城敌阵全部暴露在红军火力之下。第9支队的红军战士，在罗荣桓、张宗逊的带领下，经过几次冲锋，攻开了南门，攻进城里的红军采取“掏洞挖墙打老鼠”的办法，直捣陈国辉旅部。一时，全城喊声大震，敌人弄不清到底有多少红军进城，纷纷向枪声稀疏的东门方向逃去。当敌人逃过建龙桥，窜至东营山下，伍中豪指挥埋伏的红军居高临下猛烈射击，陈国辉旅2000余人全部被歼灭。

三克龙岩后，蔡会文、伍中豪奉命率第3纵队留在龙岩城，帮助地方建党建政建军，巩固闽西根据地。

7月中旬，闽粤赣3省国民党军“会剿声浪渐高”。红4军前委决定第1纵队、第4纵队留在闽西；第2纵队、第3纵队出击闽中，把敌人引向闽中，以打破“三省会剿”。

8月3日，蔡会文、伍中豪率第3纵队从白沙宁洋出发，先克漳平，再进德化、永春，又由永春折向漳平，击溃敌暂编第1师1个团，接着乘胜追击，直逼龙岩。龙岩守敌杨蓬年旅听说红军第3纵队回师，吓得弃城逃窜。9月6日，第3纵队四进龙岩。由于红4军分兵外线打击敌人，加上军阀内部矛盾重重，不久，“三省会剿”遂告破产。

12 月下旬，蔡会文和伍中豪作为第 3 纵队代表，出席了在闽西上杭古田召开的中共红 4 军第 9 次代表大会，即古田会议。

古田会议刚刚结束，蒋介石以金汉鼎为副总指挥的第三次“三省会剿”兵力拼凑完成，3 省国民党军共 14 个团分 3 路进逼闽西根据地。1930 年 1 月初，福建国民党统治集团发生内讧，参加“三省会剿”的军队被迫撤离，嚣张一时的“三省会剿”不攻自破。

在战斗间歇，蔡会文抓紧每一分每一秒，将古田会议精神传达给第 3 纵队全体党员干部，要求他们自觉地跟非无产阶级思想作斗争，批判单纯军事观点和流寇思想。蔡会文还根据前委确定的红军三大任务、革命目标，编写通俗易懂、便于诵记的快板、顺口溜，写在墙报上，帮助大家提高政治水平。他还经常找党员谈心，抓倾向，揭矛盾，谈看法，根据群众意见，逐个解决具体问题，加强了党内和军民之间的团结，使第 3 纵队的政治面貌焕然一新，斗志更加昂扬。

文家市大捷初试锋芒

1930年6月，根据中央指示，红4军、红6军、红12军整编为红军第1路军（不久改称红军第1军团）。改编后，蔡会文担任第6军（7月改称红3军）政治委员，军长为黄公略。

此时，哥哥蔡兰阶所在的部队红12军第34团也在汀州整训。1927年，蔡兰阶和弟弟蔡会文一起参加秋收起义，参加过中央苏区历次反“围剿”。经过几年革命斗争的历练，蔡兰阶已经成为一名优秀的政治工作者，现在是第34团政治委员。蔡会文抽空和哥哥见了一面。这是他们兄弟俩自武汉参加革命后第一次见面。兄弟久别重逢，分外高兴。他俩特意找了一个照相馆，照了一张合影，蔡会文在照片背面题字留念：“三周年纪念的我俩，具备了牺牲奋斗的决心。一九三〇年六月二〇，赤潮题于汀州。”蔡会文以“赤潮”为名，借以表达了自己对革命忠贞不移的赤诚之心。

1930年7月下旬，湘赣“剿匪”代总指挥何键向红3军团发动“追剿”行动。为打开湘鄂赣边区的斗争局面，毛泽东、朱德率领红1军团由江西安义、奉新地区向湖南挺进。

红旗猎猎，马蹄声声。红1军团将士雄姿英发，豪情满怀，使毛泽东诗兴大发。在行军途中，他吟成一首激情满怀的辞章《从汀州向长沙》：

六月天兵征腐恶，万丈长缨要把鲲鹏缚。
赣水那边红一角，偏师借重黄公略。
百万工农齐踊跃，席卷江西直捣湘和鄂。
国际悲歌歌一曲，狂飙为我从天落。

诗词行间，毛泽东对黄公略、蔡会文率领的红3军给予了肯定。

8月18日，敌右路第3纵队4个团已进至湘赣交界的文家市、孙家塅一线，与其他两路距离较远，态势较为孤立。毛泽东、朱德决心集中兵力，在当地赤卫队的配合下，采取奔袭战术，求歼该部于立足未稳之际。此时的红3军，经过长汀休整，战斗力有了很大提高，政治素质也比以前好，全军上下情绪高昂，士气旺盛。为了让红3军在文家市战斗中一试锋芒，政委蔡会文极力支持军长黄公略请下担任主攻任务。

18日20时，朱德、毛泽东于黄茅下达进攻文家市的命令。蔡会文和黄公略带领第3军（原第3纵队）于19日经慈化进到清水塘，20日2时由清水塘出发，向敌阵地攻击前进。

此时，因红3军团曾一举攻陷长沙，引起湖南新老军阀之间的激烈内讧，纷纷要求把何键赶下台。蒋介石为了在湖南培植自己的势力，不仅没有指责何键，还对他进行宽慰。何键受宠若惊，一时气壮如牛。但何键的防“红”举措越卖力，其部下的恐“红”症就越严重。戴斗垣在文家市附近惶惶不可终日，生怕红3军团再次进犯长沙。可惜他只是盯住了西面的红3军团，却没料到东面冒出了个红3军来。

8月20日拂晓，黄公略、蔡会文率领红3军首先向敌发起攻击。战斗一开始就十分激烈，敌人依靠充足的弹药和火力优势，向红军阵地密集倾泻炮弹，封锁了红军进攻道路。黄公略带领第 1 纵队、第 2 纵队向敌正面强攻，迅速占领了高升岭、棺材岭等制高点，但在向下猛冲的时候，遭到敌人的顽抗，未能奏效。此时，蔡会文率领第 3 纵队在敌侧后积极运动。敌人遭到红 3 军的两面夹击，整个防线被突破，开始向西溃退。紧接着，红 4 军在左，红 12 军在右，浏阳、万载、宜春农军也在大瑶以东一线切断了敌人退路。在红军铁桶一般的包围圈内，敌人成为瓮中之鳖。

文家市大捷，是红 1 军团成立以后取得的第一次重大胜利。这对于支援红 3 军团打破敌人“追剿”，巩固和扩大湘鄂赣苏区有重要意义，也为红 1 军团和红 3 军团胜利会师组建第一方面军创造了条件。

“前头捉了张辉瓒”

1930 年 10 月下旬，中原大战结束后，蒋介石指令国民党江西省政府主席、第 9 路军总指挥鲁涤平指挥重兵，对红一方面军和中央苏区进行第一次大规模“围剿”。

10月30日，红一方面军总前委在新喻县（今新余市）罗坊召开会议，决定红一方面军东渡赣江，在苏区面积较大、地形和群众条件较好，且便于以后发展的赣江以东地区作战。11 月 1 日，朱德、毛泽东命令：红 3 军（由黄公略、蔡会文指挥）为左路军，担负赣江西岸一带地区（包括安福）扰敌任务，与第 20 军及中路军取得联系，以钳制敌人进攻吉安。

蔡会文和黄公略随即率领红 3 军东渡赣江，进行战略转移。一路上，不少干部战士思想有抵触，一些湖南籍战士想打回老家去，有的战士甚至中途不辞而别。蔡会文从战略全局利益出发，苦口婆心地说服部队要打消守土观念，坚决执行退却命令。同时，教育群众为革命作出暂时的牺牲，待主力红军反攻时，再跟白匪和地方反动势力算总账，并组织他们搞好坚壁清野，尽量减少损失。

在转移途中，蔡会文一直跟随后卫部队行进。每当红军离开一个村庄，敌人随之进入，这里随即变成了一片火海。红军战士强忍着泪水，紧紧地握着拳头。突然从队伍里跳出一个人来，一把拽住正在行军的蔡会文喊道：

“蔡政委，你难道长了一副铁石心肠？！”

蔡会文停下脚步，定睛一看，原来是第 19 团团长。他捏住那双因过分激动而颤颤发抖的双手，抑制着内心的痛苦说：“同志，我的心，并不比你平静！但战争是残酷的，只有消灭了敌人，才能实现我们革命军人的最大心愿啊！”

“毛委员说，诱敌深入赤色区域而歼灭。难道这里不是苏区？”

蔡会文看了看这位团长同志，耐心地说：“毛委员制定的‘诱敌深入’的歼敌方针，看来你还没有完全吃透。红军战略转移的目的，不仅便于红军在转移途中选择有利的歼敌地点，更主要的目的是为了把敌人拖疲、拖垮，然后加以痛歼。眼下，我们的力量还很弱小，要打败强大的敌人，不能光凭勇气，更要靠智慧、靠策略。”

团长不再言语了，默默地跟上了行进的队伍。

主力红军移师赣江东岸后，朱德、毛泽东决定放弃东固，命令红 1 军团到宁都以北的小布、黄陂一带集结。随后，红一方面军总前委在小布召开誓师大会。大会主席台两侧贴上一副毛泽东亲自拟定的对联：

敌进我退，敌驻我扰，敌疲我打，敌退我追，游击战里操胜算；

大步进退，诱敌深入，集中兵力，各个击破，运动战中歼敌人。

总前委书记毛泽东在大会上作动员讲话，他指出：红军可以主动选择有利的作战阵地，设下陷阱，把敌军关在里面打；可以集中优势兵力，一口一口地把敌军吃掉；可以发现敌军的薄弱部分，拣弱的打；可以把敌军拖得精疲力竭，然后再打；可以造成敌军的过失，乘敌之隙，予以打击。毛委员的话通俗易懂，形象生动，会场上的每个人听了都热血沸腾，热烈鼓掌。

至12月下旬，国民党军已深入苏区腹地，红军实施反攻作战的时机已经来到。红一方面军总前委分析了当前敌情，决定集中优势兵力打击张辉瓒第18师和谭道源第50师。

小布誓师大会没多久，红3军获悉：敌谭道源部正在大肆拉夫，有向小布进犯的迹象。蔡会文、黄公略命令红9师轻装上阵，管制灯火及一切反光物品，于12月26日晚进入伏击阵地，准备"瓮中捉鳖"。万事俱备，只等敌人入网。但等了一整天，不见敌人踪影。第二天晚上再去伏击，仍然没有动静。

小布设伏未果后，又探得张辉瓒部向龙冈方向蠢蠢欲动。12月27日，朱德总司令来到红3军当面下达作战任务。

"谭道源溜了，张辉瓒来了。张辉瓒是敌前线总指挥，消灭他对整个反'围剿'战事更有意义。总前委认为，敌人已被调动，运动中歼灭敌人的时机已经到来。"

朱总司令停顿了一下，然后继续以铿锵的声音、坚定的语调宣布："总前委决定，你们红3军担任正面攻击。希望同志们努力打！确保初战必胜。”他扫视了一下蔡会文、黄公略问道：“你们有没有信心？”

“有！”两位主官响亮地回答。

12 月 29 日 20 时，红一方面军首长率部队在向龙冈前进的途中，得悉敌第 18 师师部和第 52 旅、第 53 旅已进占龙冈及其周围地区。该敌孤军深入，立足未稳，龙冈地区的群众基础和地形条件都有利于红军，这给了红军歼灭该敌的极好时机。

“这次又让我们 3 军唱主角了？”红 3 军的全体指战员高兴得欢呼起来。

在红 3 军全体军人大会上，军长黄公略作了周密的战斗部署。随后，政治委员蔡会文作战斗动员。蔡会文扫视了一下群情沸腾的会场，首先提出了一个问题：“同志们，为什么不去打趾高气扬的公秉藩，也不去打长期以来在江西专门跟红军为敌的谭道源，偏偏要在龙冈布下口袋，去歼灭被张辉瓒自诩为‘铁军’的第 18 师呢？”

在分析公秉藩、谭道源和张辉瓒之间的矛盾

后，蔡会文提高嗓音说：“同志们，我们这两个多月的转移，没有白花力气。敌人已经落网了！只要我们一鼓作气，在龙冈敲掉张辉瓒的第18师，然后去消灭谭道源、公秉藩，就更不在话下了。这叫‘树倒猢狲散’，国民党反革命‘围剿’就要彻底破产了！”

蔡会文的战斗动员，让全体指战员心里更加亮堂了，战斗情绪也更加高涨，会场上掌声雷动。

1930年12月30日早晨，细雨薄雾。国民党前线总指挥兼第18师师长张辉瓒以第52旅为先头，师部和第53旅随后，由龙冈向五门岭前进。9时许，第18师在龙冈以东、小别山以西正艰步登山时，突然遭遇早已隐蔽埋伏在此的红3军先头第7师的迎头痛击。红7师早就憋着一股气，恨不得一口将敌人吞灭，一个个奋不顾身，奋勇向前。敌逐步展开两个团，凭借优势火力向红3军猛攻。红3军因火力较弱，渐感吃紧，蔡会文见状立马派人到总部要求增援。

此时设在小别山附近的总部指挥所仅有毛泽东、朱德、古柏、郭化若，再加上1个特务员和1个勤务员。朱云卿参谋长被派往红4军和红3军团传达作战命令。所有红军都按照计划进入一线阵地，就连总部的警卫营都已拉上前线。朱德总司令见状，仍然镇定自若，笑着对参谋处长郭化若说："无兵就派将嘛，你到前线去，怎么样？"郭化若二话不说，跨出了指挥所。他刚到第7师阵地，只见蔡会文正在指挥部队阻击敌人。15时许，张辉瓒孤注一掷，亲自指挥4个团多路向红3军阵地猛攻，但在黄公略、蔡会文的指挥下，又一次被击退。

16时许，天气突变，迷雾遮天盖地，敌人刚进到龙冈圩时，突然震撼山谷的总攻号声炸响！顿时，杀声如急雷。隐蔽在圩镇西北面的红3军战士们犹如猛虎下山，从四面八方压向敌群。张辉瓒顿时乱了方寸，全线溃散，敌人到处逃窜。担任正面进攻的黄公略、蔡会文率领红3军直捣张辉瓒师部。战至18时许，战斗全部结束。

张辉瓒见全师溃败，匆匆换上士兵服装，夹在败兵中一块溃逃。他拼命地跑呀跑，恨不得身上

长出一双翅膀！当他钻进万功山腰一棵枫树旁的乱蒿草中时，恰巧被搜索残敌的红 4 军第 10 师的一个班发现，给活捉了！被俘后，张辉瓒企图隐瞒自己的身份，说自己是“书记官”，但被在场的俘虏兵揭穿，原来是敌前线总指挥兼第 18 师师长张辉瓒！

“我们抓住了张辉瓒啦！”

“我们活捉了张辉瓒啦！”胜利的欢呼声在龙冈的山山岭岭久久回荡。

弱小的红军，一次歼敌近 1 万人，而且活捉敌前线总指挥兼师长，这是一个伟大的胜利。毛泽东曾满怀激情地歌颂这次战斗的胜利，写下了脍炙人口的《渔家傲 · 反第一次大“围剿”》：

万木霜天红烂漫，天兵怒气冲霄汉。
雾满龙冈千嶂暗，齐声唤，前头捉了张辉瓒。
二十万军重入赣，风烟滚滚来天半。
唤起工农千百万，同心干，不周山下红旗乱。

横扫七百里五战五捷

阳春三月，南国春意盎然！垂柳抽出了新芽，樟树吐出了鹅黄新绿。山岭上，沟壑中，青松、翠竹一片复苏的景象……

然而，硝烟的气氛，冲散了这春天的韵律。蒋介石重新纠集了20万重兵，共18个师又3个旅，再次向中央苏区扑来！

这一次，蒋介石又抬出一员大将——军政部长何应钦，任命他为陆海空军总司令兼南昌行营主任。何应钦奉诏亲抵南昌后，决定先在中央苏区周围集结重兵，并在经济上实行严密封锁，禁止一切物资输入苏区，然后采取“稳打稳扎，步步为营之原则”“分进合击，互相策应”“逐渐紧缩包围圈”，以期彻底消灭红一方面军，摧毁中央苏区。

兵来将挡，水来土掩。红一方面军主力3万余人，从苏区边缘各地移至根据地中心区域，集结在宁都、兴国、广昌、石城、瑞金一线，严阵以待。

1931年4月18日，中共苏区中央局扩大会议在宁都青塘召开，会议决定：根据“先打弱敌”的作战方针，先打富田地区的王金钰、公秉藩。

青塘会议确定“打”的战略方针、打谁的目标后，为便于抓住战机，毛泽东和朱德命令红一方面军再西移40里，云集东固，迫敌而居，准备歼敌于运动中。

此时，西面之敌王金钰部第47师和公秉藩第28师已进至富田陂下一带，离东固红军主力仅40华里！北面郭华宗第43师已进至水南、白沙，离东固也仅70华里！南面的蒋、蔡部也在兴国县城虎视眈眈。

红军主力已在敌人眼皮底下。毛泽东、朱德下令红军主力大胆逼近作战目标王金钰部所在地隐蔽集结，严密封锁消息。这是一着险棋！

3万多红军云集大山之中，物资供应日趋困难。粮食不够吃，菜金每天只能发3分钱。面对困难，作为政委的蔡会文，给红3军全体指战员作动员:“同志们!眼下,我们首先要解决生活问题,解决住的问题和吃饭问题。现在正是耕种季节,大伙儿在作战和警戒之余,要立时在各地帮助农友栽秧耕田。”

蔡会文带领干部战士,一面进行战地训练,一面帮助群众生产。没有菜吃,就上山挖新笋,下田捡田螺,捉泥鳅。此际正值清明节气,山中竹笋出土有小腿高,挖起来毫不费劲;春暖花开,田螺、泥鳅遍地。于是,到了晚上,呈现出一片“满田灯火摸田螺”的战地风光。

5 月 13 日,红一方面军获悉王金钰部第 28 师和第 47 师一个旅脱离富田阵地分两路向东固地区进犯。14 日 20 时,毛泽东、朱德下达了消灭王金钰、公秉藩两师的命令,对攻敌战斗作了部署。

5 月 15 日拂晓,红一方面军各部按照上述部署开始行动。半夜时分,蔡会文和黄公略还在昏暗的油灯下仔细研究地图。门外突然听到警卫员小李的声音:“毛委员,您来了!”

蔡会文和黄公略赶忙走出军部门口,齐声喊道:“毛委员!”

毛泽东招了招手，说：“会文，公略，由东固通向中洞，是否有小路可行？”

黄公略说：“毛委员，我立马去找一个当地老表，和您一起去看看。”

通过当地老表的引导，毛泽东、黄公略、蔡会文在大路的南侧找到了一条人迹罕至的小路。毛泽东立马改令红3军沿此路前进，包围敌第28师翼侧。这个改变对消灭公秉藩师起到了重要作用。

16日午时，由小路秘密前进的红3军主力已进到中洞的南侧，占据了居高临下的有利地形。当敌第28师的后尾全部离开中洞时，蔡会文和黄公略才命令部队：“打！”随即，冲锋号震天响，红8师、红9师的战士，像猛虎一般，从山上猛冲下来。敌第28师遭到突然袭击，顿时陷入一片混乱之中。一个军官一边往地下扔枪，一边大惑不解地说：“娘呀！你们是从天上掉下来的？”

红3军主力乘势勇猛冲杀，分割包围，战至17时许，将敌大部歼灭。右路红4军抢占观音崖、九寸岭两个隘口，并在追击中歼敌第47师1个旅大部。担负迂回任务的红3军团进占固陂，歼灭第28师的兵站后，当夜进占福田。

狼狈不堪的敌第28师师长公秉藩，在山坑里多次爬山突围，但终未逃脱，19日被地方武装抓获。但他佯装是营部书记官，混在俘虏群里，于次日凌晨逃脱。在打扫战场时，战士们在公秉藩的文件担子里发现他的一颗玉石印章，才发现这个狡猾的狐狸已逃走了！

红3军在第二次反“围剿”的首战中，独当一面，秘密设伏，居高临下，“飞将军自重霄入”，一举包围敌第28师师部，捣毁敌指挥机关，为五战五捷首开胜局。

红一方面军随之挥戈东进，追歼逃敌。5月19日，在吉水白沙歼灭郭华宗师一部和上官云相师一旅残部，俘敌1700余人，缴枪4000余支。二战告捷！

5月22日，在永丰县中村，歼灭援敌高树勋第27师1个旅，俘敌2300余人，缴枪3000余支。随后，敌军开始全线后撤。三战告捷！

5月27日，红3军经甘竹向南丰急进，追击北撤之敌第8师、第24师。激战一天，歼灭敌第5师一部，敌师长胡祖玉被打伤后逃脱，不久死于南昌。四战大胜！

从5月16日至31日，蔡会文、黄公略率领红3军，与兄弟部队协同作战，从赣江之滨一直打到闽西北山区，横扫700余里，五战五捷，痛快淋漓地打破了蒋介石的第二次反“围剿”。蒋介石跑到南昌，在高级军事会议上大骂属下无能，痛哭失声。

是年夏天，毛泽东豪情满怀地写下《渔家傲·反第二次大“围剿”》:

白云山头云欲立，白云山下呼声急，枯木朽株齐努力。

枪林逼，飞将军自重霄入。

七百里驱十五日，赣水苍茫闽山碧，横扫千军如卷席。

有人泣，为营步步嗟何及！

痛失飞将军

蒋介石连续发动的两次“围剿”都以失败而告终，他决定集中更多兵力“剿共”。随后，蒋介石调集 30 万大军，亲任“围剿”军总司令，坐镇南昌，遥控指挥。这次，蒋介石决定采取改“长驱直入”的战略，首先击破红一方面军主力，然后再深入进行“清剿”，捣毁苏区。

此时，红一方面军经过连续数月的战斗，尚未得到休整，部队减员也没有得到补充。敌人 30 万之众，而红军仅有 3 万人。

毛泽东、朱德决心采取“避敌主力，打其虚弱”的方针，以主力由高兴圩地区秘密北进首先“夺取富田、新安”。“然后由西而东，向敌之后方联络线上横扫过去，让敌主力深入赣南根据地置于无用之地”“及敌回头北向必甚疲劳，乘隙打其可打者”。

1931年7月10日前后，红一方面军各部队相继从各自驻地出发，冒着盛夏酷暑，以急行军向中央苏区雩都地区回师。

出发前，蔡会文深入红3军所属各部，仔细检查突围准备工作的情况。他反复要求各个战斗单位，除了炊具之外，其他一切笨重物资统统埋藏起来。在前几个月的反“围剿”战斗中，缴获甚多，战士们都舍不得丢掉。蔡会文耐心解释说：“埋藏起来，不是丢了不要，是为了留给我们以后用。”他还叫运输队用小铁链套住骡马的下巴，免得它们受惊发出叫声。

8月5日晚，红3军和其他兄弟部队，利用夜色掩护，从崇贤、兴国两地敌军之间约20公里的空隙中，翻越崇山峻岭秘密东进。随后，迅速包围莲塘、良村，一举歼灭了第47师第2旅和第54师大部。为了掩护兄弟部队继续东进，黄公略、蔡会文率领红3军向北佯攻龙冈，让兄弟部队出敌不意地突入黄陂，把毛炳文的第8师收拾得干干净净。

黄陂之战后，红军已极度疲困，亟须休整。

然而，蒋介石觉察红军行动后，立即把向南向西的敌军主力，全部调转向北向东，采取密集大包围姿势，猛力向红军进逼。一时，9 个师之众逼近君埠，对红军形成三面包围之势。毛泽东果断决策，再次跳出敌人的包围圈，回师兴国境内。

8 月 16 日黄昏，红一方面军再次进行了一次神奇的夜行军。部队在夜幕的掩护下，从宁都、水丰交界的尖脑岭山地出发，从东进的敌第 11 师、第 14 师和第 19 路军之间仅 10 公里间隙的山区秘密疾进。

8 月底，蒋介石发觉红一方面军主力已经西去，下令以第 1 军团 3 个师为先头，再次西进，寻找红一方面军主力决战。毛泽东、朱德闻讯，即率部由枫边、白石移至兴国的茶园、均村山区隐蔽、休整，敌人又一次扑空了！

至 9 月上旬，国民党军在中央苏区的崇山峻岭中来回奔波已经两个多月，第 47 师、第 54 师、第 8 师遭到红军的歼灭性打击，其余部队也受到地方武装、苏区群众的不断袭扰，油盐告急，粮食困难，人困马乏，“肥的拖瘦，瘦的拖死”。而此时的红一方面军三战三捷后，经过休整，士气旺盛，作好了寻机歼敌的各项准备。

蒋介石的“长驱直入”，变成了“步步难行”。加上蒋、粤、桂军阀冲突加剧，粤桂军阀进攻湖南，蒋介石顾此失彼，被迫鸣金收兵。

“敌退我进！”毛泽东、朱德得悉敌情后，下达命令，决计在运动中把敌人彻底打垮。9月6日，红一方面军总部接到情报：兴国地区敌军沿高兴圩大道向北撤退。

毛泽东、朱德下令：红3军、独立第5师迅速抢占老营盘，截断敌军退路！

但当时红3军驻总部北面，距离较远，在兴国城北几十公里，命令送不到，架电话又因线不够而没有架通，无线电也没有架设，以致红3军和总部失去联络。更为凑巧的是，这天夜里天又极黑，宿营命令未下达下去，红3军宿营报告也没有送来，参谋处非常着急，毛泽东、朱德更着急，几次派人去找红3军，令其急速开往高兴圩，可就是无法联系上他们。

红3军在哪里？黄公略、蔡会文在哪里？

此时，黄公略、蔡会文率领的红3军正在老营盘。他们在6日得到敌情报告说：敌人已经走了好几天了。黄公略、蔡会文生怕放走了敌人，在没有得到总部命令之前，就自动经茶园岗，绕出长龙，向老营盘前进。黄、蔡恨不得让全军插上翅膀，赶到老营盘越快越好。9月7日黄公略、蔡会文指挥红3军进入预伏地域。

老营盘是兴国通往泰和的咽喉要道。两侧群山连绵，势陡峻险。制高点是高明山，山下有一条小河，河上有一木桥。几天前山洪暴发，小桥已被大水冲毁。急于逃跑的敌蒋鼎文第9师被堵在河东，因天黑被迫在附近的黄土坳一线宿营，此时并不知道后面有红军在追击。

这真是天赐良机！天时地利人和，敌人就是长了翅膀也插翅难逃。

9月7日凌晨5时许，黄公略、蔡会文率第9师和独立第5师扼守高明山，负责正面阻击；第7师从牛轭岭攻打敌人左翼；第8师从野猪垇打敌右翼。

全军严阵以待！但等了多时，也没有见一个

敌兵开来。黄公略和蔡会文正疑心是不是敌人都跑光了，只见一支先头部队开过来了。当前之敌就是蒋介石的主力部队蒋鼎文的第 9 师独立旅，他们企图从高兴圩撤退到泰和。跟在后面的是敌第 26 旅。

此时，正是漫天大雾，当红 3 军分路冲下山时，老营盘的敌军还以为是游击队骚扰，麻痹大意，正集合部队准备出发。红军冲进村后，敌蒋鼎文的独立旅才仓促应战，迅速被分割包围。敌独立旅仅 3 个团，其中一个是补充团，战斗力较差。红 3 军也仅有 3 个团的兵力，旗鼓相当，由于黄公略、蔡会文指挥有方，不到半天就将该敌歼灭，打了一个没有命令的大胜仗。

但在追击逃敌时，蔡会文不幸负伤。驻扎在长龙附近的苏区中央局负责军事工作、才从上海来不久的叶剑英得知后，带着几副担架、十几个民夫，来到火线，把蔡会文送往野战医院。

更为不幸的事接踵而来。9 月 15 日，黄公略率红 3 军转移途中，不幸被敌机击中，身负重伤，经全力抢救无效，于当晚 7 时半停止呼吸，与世

长辞。毛泽东、朱德、彭德怀等和广大红军将士为失去这位不可多得的将才，而十分悲痛。黄公略牺牲的消息传到野战医院，蔡会文一跃从病床上弹起来，一把抓住传令兵，像触了电一样，脑子嗡嗡直叫，浑身不住地颤动。

毛泽东叹息他牺牲得太可惜了，太早了。在黄公略的追悼大会上，毛泽东为他写了一副挽联，高度评价他这短暂的一生，光辉的一生：

广州暴动不死，平江暴动不死，而今竟牺牲，堪恨大祸从天落。

革命战争有功，游击战争有功，毕生何奋勇，好教后世继君来。

一个星期前，两个人还在并肩战斗，一个星期后，就阴阳两隔！伤病中的蔡会文，望着战友的遗容，陷入了极度的哀痛之中！他望着毛泽东的亲笔挽联，反复默诵："毕生何奋勇，好教后世继君来"。这悲壮的挽歌久久地在他脑海萦回：

"毕生何奋勇，好教后世继君来……"

重返罗霄

力挽狂澜

1932 年 10 月，蒋介石结束对鄂豫皖、湘鄂西革命根据地的军事“进剿”后，随即调兵南下，采取“分进合击”战术，大举进犯中央革命根据地。为加强中央革命根据地的西翼，中革军委派蔡会文担任湘赣军区总指挥兼政治委员、兼红 8 军政治委员，领导湘赣革命根据地的反“围剿”战争。

10 月 11 日，蔡会文致电中革军委：“我的军事经验极少，为了配合战争加强河西工作，萧克任军长十分必要，务希容纳所请。”中革军委同意了蔡会文的要求。但对于这个任命，萧克感到担子很重。蔡会文笑着对他的新搭档说：“老萧呀，我们都是从井冈山下来的，也算是湘赣的‘老人’了，对这个地区情况熟悉，你又有带农民军的经验，军事上有一套，我们好好配合，一定可以干好。”望着蔡会文坚毅的眼神，萧克用力点了点头，说：“是呀，你是参加秋收起义的老同志，我俩对湘赣地区民情、地理都比较熟悉，我们密切合作，上有中革军委的领导，下靠苏区广大群众和红军指战员的支持，还怕搞不好？”

蔡会文和萧克从兴国出发，西渡赣江后，于1932年10月25日到达湘赣省委驻地永新县城。重新回到井冈山，为保卫苏区的赤色土地而战斗，让蔡会文感到无限激动，为此，他特作了一首七律诗：

戎马匆匆离茨坪，征人拳拳恋五井。
禾川悄悄舔洲草，秋溪频频饮归人。
信誓旦旦守赤土，剑戟恢恢向豹虫。
战士难领无功禄，权将酒酿肥锦鳞。

此时的湘赣苏区，包括永新、莲花、宁冈3县全部，茶陵、攸县、遂川、吉安、萍乡、上犹、崇义县各一部，总面积近1万平方公里。这块大苏区是在湘赣边界罗霄山脉中段以宁冈为中心的井冈山根据地的基础上发展起来的。

蔡会文和萧克来时，看到当年井冈山根据地已发展成一块广大的、巩固的红色区域，两人深深地为毛泽东“星星之火，可以燎原”的预言所折服，为湘赣人民不屈不挠的革命精神所感动。

从战略位置来看，湘赣苏区是中央苏区的战略侧翼——河西战线。东与中央苏区隔赣江相邻，北与湘鄂赣苏区隔袁水、修水相望，向北发展就可通向湘鄂赣苏区，造成威胁武汉、南昌、长沙的大局面。湘赣苏区在整个全国战争全局中所处地位十分重要，蔡会文和萧克感到肩负的责任既光荣又艰巨。

在永新住了两天，蔡会文、萧克赶往红8军驻地。随后两人不分白天黑夜地深入基层，视察红8军所属部队和各地方武装的战备情况。通过一个多星期的深入调查，让蔡会文和萧克大吃一惊的是，红8军所属机关部队总共4000余人，前方战斗人员不过2100余人，1100支步枪、4挺机关枪、2门迫击炮。大量的伤病员因缺医少药，营养不足，长期躺在后方医院不能归队。请假和开小差的战士多达500余人。不少地方武装也是如此。莲花独立营原来有100多人，现在仅剩十几号人。

湘赣根据地的红军武装，是在群众运动和激烈的阶级武装斗争中诞生的，觉悟程度高，群众基础好，经受过长期的战争考验。部队的独立活动能力和战斗力也是各个革命根据地的红军武装中少见的。为什么会出现如此状况？蔡会文认真地听取干部战士的反映。

“打白狗子，是革命战士的责任。怕掉脑袋就不来当红军了。不过，青蛙跳三跳，还要缓口气。我们一直没有休整训练的时间。有些领导干部，好像几天不打仗就不好过，光着脚板跑路爬山，你看，我们有几个人的脚丫子没长脓包？”

“我们革命战士不讲阔气，可是，穿衣吃饭上级总得考虑考虑吧。再说，穿衣吃饭也是为了干革命打敌人嘛！”

蔡会文望着靠在墙边，双手缩在单衣袖子里的战士，心里很不是滋味。时值隆冬，南方更加阴冷潮湿，但部队还迟迟发不下棉衣……

“同志们，别这么悲观嘛。”一个老战士打量着也是着单衣单裤的总指挥说：“不管眼下怎么样，我们手里有了枪，总比过去给土豪劣绅当牛做马强吧！”

听了老战士的话，蔡会文感慨万千。这就是我们的战士！可爱的战士！即使没有吃的，没有穿的，战士们仍然任劳任怨，互相开导慰勉，团结一致，英勇杀敌。但是，作为一个党的干部，军事首脑，总不能以此而满足吧！

经过一周的深入调查研究，蔡会文、萧克正式组建了红 8 军指挥机关。萧克任军长，湘赣军区总指挥兼政治委员的蔡会文兼政治委员，参谋长李朴（后为李达），政治部主任袁任远，下辖 3 个师，共 5000 多人。同时，对地方武装也进行了扩编。此时，湘赣苏区的革命武装，除各县游击队外，还有 1 个军、2 个独立师、5 个独立团和 7 个独立营，总共 1.37 万多人，枪 6400 多支。

山雨欲来风满楼

1932年10月，国民党再次调动兵力，准备对中央革命根据地实行重点进攻。同时，加紧对湘赣革命根据地进行“围剿”。进攻湘赣革命根据地的敌人，共10个师8万多人。

一时间，山雨欲来风满楼。

在湘赣军区总指挥部的会议室里，蔡会文正在主持召开军事会议。

“同志们，目前形势比较严重，但是，我们已经有了过去三次反‘围剿’战争胜利的宝贵经验。我们的部队懂得如何依靠和运用运动战、游击战等我军独创的优势，去粉碎敌人的进攻。所以，同志们，我认为，尽管敌人目前以10倍于我的绝对优势兵力压上我湘赣苏区，但我军的士气仍然十分旺盛。只要我们很好地发挥我军的优势，尽管兵力不足，也可以跟两个团的敌军相对抗。如果充分利用各种优越条件，一次消灭两个团的敌人也是有把握的。”

蔡会文的讲话，犹如一剂强心针，立即提高了与会者粉碎敌人新的大规模进攻的信心。看到这种积极反应，蔡会文继续说：

“摆在我们面前的实际情况是，我们的武器装备远远比不上敌人。敌人企图利用我的这一弱点，采取步步蚕食的战术，每到一个地方，就大量构筑碉堡工事，用堡垒封锁线来逐步收缩对我苏区的包围圈。我们也应该针锋相对：扬我所长，避我之短，聚集主力。在敌人进攻、分进而还没有合击的时刻，抓住有充分胜利把握的时机，依靠苏区人民的大力支持，充分发挥我军山地战、伏击战的优势，在运动中消灭敌人，逐次剪断敌人的爪牙！”

这个建议得到与会者的赞同。

“不过，我和萧军长初来乍到，对于部队的情况了解还不多，还要到实践中去慢慢摸索，一旦有不适应的情况，还需要进一步调整和完善我们的行动方针。”蔡会文最后补充说。

自11月中旬开始，根据湘赣红军总指挥部的行动计划，独立第1师向茶陵、攸县推进；独立第12师和第21师向遂川之大汾开拔；吉安、安福、萍乡等独立营和北路独立团，分别深入早禾市、三都圩、曲赖、园江、舟湖、金田、汀田、油田、芦溪等北线敌后进行游击，对吉安、安福造成局部包围的态势；攸县、醴陵、莲花等独立营，分别向攸县的满江、山关、皇图岭、高楼、银坑、酒埠江和萍乡的东桥、清水及攸、醴、萍3县边界穿插游击，截断湘东各敌据点之间的联系；茶陵独立团、酃县独立营和湘南游击队，也分别在茶（陵）、安（仁）、酃（县）与资（兴）汝（城）桂（东）边境和茶陵的18团区、8团区积极活动，打击、困扰深入茶陵苏区的敌陈光中第63师和湘南一线的敌人。遂川、永新等独立营配合中央苏区地方武装行动，保证湘赣苏区和中央苏区的联系畅通。根据地各级党政机关也广泛发动群众，实行坚壁清野，封锁消息，使深入苏区的敌人成了无头苍蝇，到处碰壁，步步挨打，寸步难行。游击战争好像冬天烧荒的烈火，从湘赣苏区周围不断往外扩展、蔓延。

11 月 26 日晚，蔡会文、萧克率领红 8 军，依靠苏区人民群众的掩护，神不知鬼不觉地向敖城方向迅速运动，以夜战和近战给敌第 52 师第 154 旅一个突然袭击，一举收复了吉安敖城。敌人仓皇退至官田，与当地一个近千人的靖卫团实行联防，企图凭借有利地形负隅顽抗。11 月 29 日，蔡会文和萧克率领红 8 军主动迎击从吉安官田出来向红军进攻之敌。第 23 师在师长杨茂和政委谢国喻的率领下担负正面进攻，第 22 师在师长谭家述和政委王震的率领下担任左翼，两个师顽强战斗两个小时后，将敌人全部击溃，给进攻苏区的敌人当头一棒。

蔡会文和萧克领导和指挥红 8 军在北线行动取得的胜利，极大地鼓舞了湘赣苏区军民粉碎敌人“围剿”的必胜信心。但是，也有个别领导头脑开始发热，把它当作王明“左”倾军事冒险行动方针切实可行的佐证，把这些胜利当作夺取中心城市、实现江西革命首先胜利的先声。有的甚至大肆鼓吹要执行“坚决进攻”的盲动方针。

作为湘赣军区总指挥兼政委、兼红 8 军政委，蔡会文对这些鼓动异常冷静。他认真总结分析了近一个月的数次战斗，固然取得了胜利，但也暴露了红军的一些严重弱点。在官田战斗中，各部队技术配合不够，战斗动作不灵敏，以致机械地去完成失去时效的任务，使敌人获得了反扑的机会，导致 150 余人的无谓牺牲。

12 月 20 日，蔡会文在路田圩红 8 军指挥部，以湘赣军区总指挥兼政委的名义，给中革军委呈上了一份专门报告——《湘赣军区总指挥部报告》(第一号)。在这份报告中，蔡会文深刻反省了这一段时间红军在战斗中暴露出的主要问题，提出了修正的行动方针。他认为，下一步的战略，应该“最大限度的集中”，采用“内线作战的原则”，在“有充分胜利把握”的前提下，乘敌向苏区进犯时，“击破敌之一路”，“不打无充分胜利把握的冒险仗与盲动战争”。各地方武装要深入敌后，“发展广大的游击战争，以取胜敌人”。

“萧军长，要使 8 军成为在湘赣苏区独当一面的主力，更有效地配合中央红军作战，不给部队进行休整训练，恐怕很难胜任这项任务。”

萧克点点头，表示同意，接着蔡政委的话继续说：“是的。这段时间以来，我观察到部队在打仗的时候，也不讲究什么战斗队形。部队的游击习气也很严重，几乎每个月都有因枪走火打死自己人的情况发生。现在红 8 军已经编成正规军，就要脱离游击习气。必须加强正规训练，大力提高军事技术。不仅枪要打得准，更要懂得战术、技术，班、排、连会疏散开；还要熟悉前进、停止、射击、冲锋、集合、撤退。”

“老萧，我同意你的意见。下一步，将部队开到高桥头训练一段时间，你看如何？”

“好的，把 22 师的参谋长李达调过来当军参谋长，配合我抓正规训练。这个李达，是王胡子（王震）从红 5 军团选调来的，毕业于平凉第二军官学校，又当过学兵连连长，是抓正规训练的一把好手。”

两位年轻的指挥员，在崎岖的山路上缓缓行进，同时也按照湘赣苏区革命斗争的实际，深入研究探讨下一步的斗争策略。

进军遂万泰地区

在湘赣军政领导干部联席会议上，围绕是北上袁水，还是进军遂川、万安、泰和地区的问题进行了激烈的争论。

当时，中革军委命令红 8 军向袁水流域出击，以打通湘鄂赣苏区的联系，与湘鄂赣第 16 军行动相呼应，配合中央红军迅速完成向北发展的任务。蔡会文和萧克则认为，根据当前敌我情况，努力培养红 8 军，使红 8 军真正具备能消灭两个团敌人的力量，才是红 8 军努力经营的目标，也是湘赣省当前的一项主要任务。

两种意见尖锐对立，相持不下。

此时的红 8 军仅有 2800 多人，步枪 1100 余支，迫击炮 2 门，机枪 4 挺，战斗力有限。虽然在前段时间的北线行动取得了一些胜利，但也暴露出许多不容忽视的弱点：干部军事技术很差，战术配合不上，指挥上也有许多失当之处，加上没有重武器，攻打敌人坚固的防御工事十分困难。在攻打分宜的时候，敌人仅有6个连守工事，但红8军全军猛攻一日，付出阵亡380多人的巨大代价，最后还是没拿下分宜。

在会上，蔡会文指出："这个教训是应该总结和记取的！我们8军还有多少个380？即使我们兵员充足，也不应该这么蛮干的！"

此前，军委总参谋部由湘鄂赣转来的电报指出，敌第18师和第43师的第1旅在袁水流域，共计有12团之众。其中第62师3个团驻萍乡一带，第18师在分宜、彬江、宜春、新喻（今新余）等地，第43师3个团在阜田、汀田、油田等地。

蔡会文扫了一下会场，继续说："敌人已在袁水流域各城镇都构筑了坚固的工事，互相策应，分兵把口，我们目前要出击其中任何一点，都是比较困难的。"

"当前，8军人员数量不足，武器装备较差，加上长期连续不断的作战行动，很少得到应有的休整训练，也直接影响了部队的战斗力。因此，要突破已经做好坚固工事的敌人据点，无论是汀田、油田，还是分宜、宜春，获胜的可能性都比较小。退一万步来说，即使彬江的据点能够拿下来，那里只有一个营的兵力，但彬江离宜春仅 30 多里地，一旦战斗打响，不出三四个小时敌人的增援就可以上来。如果能迅速解决战斗还好，如果不能，就会让自己陷入腹背受敌的危险境地。即使我们渡过袁水后，能迅速拿下敌人某一个据点，但是其他据点的敌人仍然可以凭借工事固守，等待增援。如果遇到一个团的增援，我们鼓一把劲也可以把他消灭，但是敌人是不是和我们想得一样，一个团一个团分散向我们进攻呢？一旦遇到几个团的兵力，我们既不能进，又不能退，与湘鄂赣的红 16 军也不一定能取得联系。因此，我认为，孤军深入袁水流域，为了巩固一地之得，背水和敌人决一死战，不是可取之计。”

“即使不能渡过袁水流域作战，还可以在罗坊、桃圩一带开辟新区，配合中央红军的北上行动嘛。”有同志提出了新的看法。

“这个想法我和萧克同志也商议过。”蔡会文继续解释说，“但是，北路苏区，北阻袁水，东临赣江，南面有汀田、油田等敌人的据点，活动范围太小。一旦敌人来了，马上缩回苏区，这种驱式游击，对于配合中央苏区主力红军向北发展，牵制作用有限。”

“红 8 军进入遂万泰地区，倒能密切配合中央红军向北发展？”另一个同志反问到。整个会议室的空气又开始凝固起来。

一直在沉思中的萧克，挺了挺刚直的身躯，看了一眼和自己在战场上出生入死的政委，激动地说：“首先，我赞同会文同志的意见。目前，在遂万泰地区，仅有王懋德敌第 28 师 4 个团的兵力，战斗力比较弱，那边的地主武装力量也不大。群众基础却非常好，活动范围也比较大，有利于红 8 军的发展和壮大。根据我们抓获的俘虏供认：敌第 28 师师部和第 165 团驻泰和，敌第 166 团驻三都圩、马家洲，敌第 82 旅旅部和第 164 团并第 163 团的一个营驻遂川城，第 163 团其余几个营驻万安县城。我们向遂万泰地区行动，可以截断赣河交通，威胁、牵制吉安、遂川、万安、泰和和赣州一线的敌人。如果吉安附近的敌人往赣东北调动，我们可以乘虚占领泰和、马家洲和三都圩，直逼吉安城；如果敌人偷袭中央苏区南翼的于都、兴国和赣县，则上犹、崇义、塘江一带必定空虚，我们可以会合活动在上崇苏区的独立第12师，相机推进到塘江，威胁赣州，使敌人不敢大胆向中央苏区前进，解除了中央红军向北发展的后顾之忧。”

全体参会人员的视线，都不约而同地随着萧克的红蓝铅笔，在军用地图上移来移去，会场的气氛开始缓和了一些。见此情景，蔡会文又补充道：“有一点需要说明一下，8军向遂万泰的行动只是暂时的，也正是更实际地配合中央红军完成向北发展的任务。争取沿赣江各中心城市，实现江西革命首先胜利这个总的政治任务，我们没有一丝一毫的动摇！”

红8军向遂万泰的行动方针，在蔡会文和萧克的坚持下，红8军向遂万泰方向的行动终于得到参会人员的普遍认可和赞同。

1932 年 12 月 16 日，红 8 军进入遂川、万安、泰和地区。随后，一面进行休整训练，一面开展地方工作。经过两个多月的努力，不仅帮助建立了遂万泰中心县委和各级苏维埃政府，组织发展了地方武装力量，而且在根据地人民群众的配合下，积极开展游击战、运动战，打击和牵制了吉安至赣州一线的敌人，支援了中央红军在抚河地区的战斗，还恢复了遂川以北、永新以南的大片苏区。

避实击虚

正当蔡会文率领红 8 军开辟新苏区时，蒋介石也加紧了对中央革命根据地的“围剿”。为了粉碎敌人更大规模的进攻，中央军委命令红 8 军再次北上袁水，与湘鄂赣的红 16 军会合，协同中央红军作战。

1933 年 3 月 10 日，为配合中央红军第四次反“围剿”，蔡会文、萧克率红 8 军由金田出发，向袁水流域开进。但是，敌人在袁水流域的兵力强大，而且有坚固工事，红 8 军两次强渡袁水都没有成功。

为了决定红 8 军下一步行动方向，在湘赣军区紧急军事扩大会议上，又展开了一次激烈的争论。

蔡会文在会上指出："当前进攻湘赣的敌人，主要是湘军，谭道源 3 月中旬到安福，刘建绪 3 月到茶陵，最近又回到宁冈古城；陈光中到莲花城，王东原早就到了宁冈。安福、莲花、宁冈各路合击永新，马上就要成为事实。"

"综合以上情况，我认为，应该避实打虚，首先攻打力量比较薄弱的南线赣敌第 28 师。"

蔡会文把这个意见提出来后，立即遭到省委主要负责人刘士杰的极力反对。他义正词严地说道："敌第 63 师和第 15 师是进逼苏区中心的主要敌人，避开主要敌人不打，就是右倾机会主义动摇，中央的战略方针是坚决进攻，与敌人主力决战，我们绕开敌人的主力，就是右倾逃跑！"

刘士杰的这番话，让会议气氛骤然紧张起来。

这个刘士杰，前不久以湘赣总工会委员长的身份，利用向中央汇报工作的机会，给王首道等省委主要负责同志罗列了许多莫须有的罪名。中央认为湘赣省委犯了严重的“右倾机会主义动摇”的错误，决定改组湘赣省委，撤销了王首道的省委书记职务，指定刘士杰任湘赣省委书记，蔡会文的军区政委一职，由新任省委组织部部长陈洪时代理。

尽管如此，蔡会文依然坚持道：“当前这个时期，我们红军的数量还非常不够，尽管3月已增加了1000人，但这些兵员主要是从地方武装中抽调来的，由农村扩大来的，战斗力还比较弱。而且，我们也没有强大的火力，我们还处在内线作战的环境，这就决定了，当敌人向我们‘围剿’时，我们只能实行战略防御的方针。如果为了苏区土地一时的得失，就会陷入单纯防御的泥坑。这样不仅不能粉碎敌人的‘围剿’，保卫苏区，甚至最后的胜利都是微弱的。我们只能在敌人分进未达到合击前，选择较弱的一路敌人，集中力量歼灭它。这和中央的坚决进攻战略并不矛盾！”

听了蔡会文一席话，陈洪时习惯性地推了推眼镜。这位刚从莫斯科留学回来的学生，对中国革命战争可以说是擀面杖吹火，一窍不通。此时，他却大度地对蔡会文说："老蔡，你把意思说得更具体一些。"

蔡会文接着说："陈光中的第 63 师和王东原的第 15 师，是两支战斗力较强的湘军，在我们没有发现敌人弱点前，我认为不应该急于和他们进行没有胜利把握的决战，而应该以次要的力量，用游击战迷惑引诱和牵制敌人，将主力隐蔽集结，向遂川方向秘密推进，打击力量比较薄弱的王懋德第 28 师。这样不仅可以解除敌人对苏区南线的威胁，还可以保持跟中央苏区的联络通道。"

"光凭地方武装能保卫宁冈、莲花吗？"刘士杰紧追不放。

"当然有困难。"蔡会文说："因此，我建议省委派得力干部到苏区北路和醴陵、萍乡、攸县、莲花和茶陵边界山区，组织中心县委，以便在敌占领苏区平原村镇后，继续领导群众坚持斗争。"

这个大胆设想，几乎震惊了所有与会者。刘士杰更是按捺不住心头的愤怒质问道：“蔡总指挥，把大片中心区域拱手让给敌人，主力部队去打敌第28师，这到底有多大的意义？！”

蔡会文没有理会刘士杰难看的脸色，继续说道：“正因为主力隐蔽向南行动，让地方武装跟陈光中、王东原小打小闹，迷惑敌人，造成敌人的麻痹大意，发生过失和暴露弱点。这可以为红8军解决南线战斗后转入反攻，取得决战胜利创造条件。根据目前的敌我态势，王懋德断定我们的首要攻击目标是莲花和宁冈，我们正好利用他的这个错觉，突然袭击，打他个措手不及！”

蔡会文在军事扩大会议上“舌战群儒”，他的独到分析最终赢得了多数同志的赞同和支持。

1933年4月7日，蔡会文、萧克率红8军以高度隐蔽的强行军，迅速包围了遂川于田圩的守敌第28师第83旅旅部和第166团，向敌人发起佯攻，调动了驻守遂川城内之敌的增援。敌第28师师长王懋德急忙派遣第165团1个营、1个机枪连和第28师迫击炮营，驰援于田圩。见敌人上钩，蔡会文立即命令一部兵力监视于田圩守敌，自己亲率主力和预备队截击敌援兵。仅仅 30 分钟就麻利地解决了战斗，击毙俘虏敌营长以下 400 多人，缴获迫击炮 4 门、重机枪 2 挺、长短枪 130 多支。

这个胜利虽然不算大，但扭转了湘赣红军在战斗中的被动局面，鼓舞了士气，打击了敌人的进攻气焰。

捷报频传

1933 年 4 月，国民党军向我苏区腹地进犯，其中以敌第 15 师和第 63 师推进最快。此时的敌第 63 师孤军深入，占领了莲花。蔡会文和萧克分析认为，这是有利的作战时机。蔡会文、萧克率领红 8 军以迅雷不及掩耳之势，猛插安福与莲花之间的青塘，歼敌数百，斩断了陈光中和北线敌军的通道，将陈光中的 4 个团“隔离”在莲花县城内。

青塘战斗后，战士们战斗情绪高涨。军长萧克也抑制不住振奋的心情，高兴地对蔡会文说："这样一来，陈光中的鼻子就得让我们牵着走了！"

"茶陵是敌人进攻莲花和宁冈的后方基地，他一定会来打通莲花至茶陵的交通，而这一段路，处于我苏区范围，又是山谷地带，敌人一出动，我们就可以在运动中将他歼灭掉！"蔡会文信心满满地补充道。

5月1日，陈光中被迫派出4个营和1个骑兵连强行通过根据地，前往茶陵接运粮食和物资。得到这个消息，蔡会文和萧克率领红8军，星夜赶到莲花，准备乘敌人从茶陵返回时，袭击其辎重部队，进而歼灭敌有生力量。蔡会文、萧克决定：派茶陵独立团进到茶陵和莲花交界的雷打石、界化陇地区活动，监视敌人，伺机在运动中发起攻击，并派人到茶陵去侦察敌军动静。

5月5日，茶陵独立团报告，有敌人从腰陂出动进发，随后证实该敌就是5月1日陈光中派出西去的4个营返回莲花。蔡会文、萧克立即率领红8军并独立第12师跑步前进，全部进至莲花与茶陵交界的棠市，潜伏待机，命令茶陵独立团在九渡冲监视敌人交通。5 月 6 日下午 5 时，敌第 63 师 4 个营果然押运大批辎重物资，成一路纵队进入界化陇九渡冲，并沿大道向莲花方向前进。担任监视任务的茶陵独立团正埋伏在帐顶上高地，待敌人进入伏击圈后立即发起了攻击。蔡会文、萧克立刻率红 8 军跑步由棠市分两路赶到战斗地点。1 小时后，红 8 军第 22 师在花竹展开，第 23 师和第 24 师在大打冲展开，独立第 12 师为预备队。军指挥所进到王子寨。这是一个高地，前面是一片开阔地，可以看到帐顶上高地激战的情景。蔡会文、萧克一到王子寨，就立马在石板上摊开地图，迅速而镇静地指挥战斗。蔡会文强调：时间就是胜利！一定要在敌人援兵到达之前吃掉眼前这股敌人，否则整个局面就会变得非常被动！

这时，敌人的先头部队两个营已经分别占领了新泥岭等高地，向茶陵独立团坚守的帐顶上高地迂回包抄，以掩护其辎重部队通过九渡冲峡谷。面对这种情况，蔡会文当机立断，命令茶陵独立团坚守帐顶上高地吸引敌人火力，主力部队迅速攻占新泥岭一带高地，将敌人压到九渡冲与界化陇之间的谷底。一阵嘹亮的冲锋号响起，随即杀声震天，红8军全体将士以泰山压顶之势全面猛扑下去。战斗至黄昏，终于将敌人的两个前卫营全部消灭。

入夜，敌后卫两个营沿谷底大道向北急进，见前卫失利，便抢占了官城堂、楼梯湾和白露岭等高地，赶修工事，准备固守等待援兵。在繁星闪烁的微光中，蔡会文、萧克等在山头就地召开紧急军事会议，讨论明天是否打下去的问题。第22师政委王震提出：红军有取得胜利的充分条件。因为敌人已经被我军四面包围，完全有可能在援兵到来之前被我军歼灭，因此坚决主张继续打下去。经过详细讨论，蔡会文和萧克同意王震的意见。

5月7日，敌第63师师长陈光中亲率3个团又1个营，由莲花出发，增援九渡冲之敌。敌人的援兵和两个营的残敌会合后，还没稳住脚跟就遭到红8军的迎头痛击。从早上八九点钟开始，一直激战至中午，担负正面进攻的第24师和右翼第22师同时抢占了有利地形，向敌人发起猛烈进攻，左翼第23师从敌侧面攻击，敌人一下就溃败了。

红军战士乘势进行追击，缴获重机枪 22 挺、步枪上千支，击毙敌旅长 1 名，俘敌六七百人，并截获 8000 多套军装等辎重。5 月 10 日，中革军委致电嘉奖九渡冲大捷。

陈光中此次派队去接运物资，不但没有接到，反而丢掉了 1 个团又两个营。陈光中再也不敢派兵去接运物资，只能向何键、刘建绪叫苦求救。何键为解救陈光中的困境，又调第 15 师王东原的第 43 旅、第 19 师李觉的第 55 旅和第 63 师的 1 个补充营，押着由数百名民夫组成的运输队，挑着大量弹药、粮饷，由茶陵出发向莲花县城运送。可是，敌人万万没有想到的是，红 8 军就埋伏在他们必经的要道上，等待接收他们送来的“大礼”。

此时，蔡会文、萧克率红 8 军开到茶澧田，一面休整，一面伺机。

5 月 29 日，茶陵独立团的侦察人员向蔡、萧报告，说敌人向这边开来了，有 5 个团，还有很多行李担子。

萧克笑着对蔡会文说：“蔡政委，买卖来了，咱们开干吧？”

蔡会文停顿了一下回应说：“这次敌人兵力比我们多，怕是打不得吧。”

萧克分析道：“这次敌人虽然比我多，但他是走路，又有几百担行李，上下坡、过小桥等大小障碍都不灵便，行军纵队会拉得很长；而我是在敌人侧面隐蔽，主动从敌行军纵队侧面出击，地形对我有利，战机有利，又只打他的一节，我虽弱犹强。”

蔡会文点点头说：“老萧，你是从‘铁军’出来的，仗打得多，有战斗经验，我同意你的意见！”

蔡、萧马上命令部队进到出击地区。当赶到时，敌主力刚刚过去，恰好赶上敌人中间和后尾的 1 个团以及大批辎重行李。红 8 军从侧面猛烈攻击，迅速解决战斗。此役，俘敌 600 多人，缴获军装和军衬衣各 1 万套。红 8 军仅伤亡 45 人。6 月 2 日，朱德、周恩来特致电红 8 军嘉勉棠市大捷。

九渡冲和棠市的胜利，打破了敌人对湘赣苏区的第四次“围剿”。蔡会文的心情十分激动。记得刚刚返回罗霄山脉时，蔡会文既高兴又有些担忧：高兴的是自己能重新回到井冈山，为保卫湘赣苏区的赤色土地而战斗！担忧的是这么一大块由毛委员亲自领导开辟的根据地，在重敌压境之下，能否保得住？蔡会文和萧克带领部队经过半年多的摸索、实践和总结，不仅打破了敌人对湘赣苏区的“围剿”，而且有力地配合了中央苏区的反“围剿”斗争。湘赣武装力量也由赤卫队、县大队、独立团、独立师发展为红 8 军，苏区扩展到东至赣江、西近粤汉路、南达大庾岭、北至袁水的广大区域，完成了党赋予的阶段性任务！

忍辱负重

蒋介石在第四次“围剿”失败后，采取持久战略和堡垒主义，在苏区周围建碉筑堡，加强军事和经济封锁，步步压缩苏区，企图最后与红军主力决战，达到消灭红军、摧毁苏区的目的。

1933 年 6 月，为加强反“围剿”作战力量，中革军委命令湘赣红军和湘鄂赣红军合编成立红军第6军团，归红一方面军直接指挥，“在单一的战略意旨之下”，迅速地给河西的湘敌以打击，然后北上作战。6月18日，根据中革军委决定，红8军在永新改编为红6军团第17师，蔡会文兼政治委员，萧克任师长，李达为参谋长，政治部主任为李朴（后为王震），原第22师、第23师、第24师依次改编为第49团、第50团、第51团等3个团，共4500余人。7月底，红18师南渡袁水进入湘赣苏区与红17师会合后，部队保留师的番号，缩编为第52团。红6军团由红17师首长统一指挥，全军团共7500余人。

“别看敌人来势汹汹，把湘赣苏区分割成几块，死死困住永新，只要分析一下敌人的兵力部署情况，充分发挥红军的优势，抓住敌人的弱点不放，狠狠地加以打击，逐步消灭敌人的有生力量，红军仍然有取得战役胜利的希望。”经过半年多的反“围剿”斗争，蔡会文率领红8军在根据地取得了内线作战的经验。这次，蔡会文又重新提出了避实就虚，在敌人分进未达到合击之前消灭敌人较弱一路的行动方针。

“所以，我建议首先截击南调之敌第 16 师彭位仁部，于运动中歼灭敌人渐次加强的攻击力量，或者进攻遂万泰方面的弱敌，打乱湘敌整个部署。”但是，蔡会文的意见没有获得应有的支持。

党中央在王明“左”倾冒险主义主导下，对当时的形势作出了错误估计，在军事上采取冒险主义，要求红军实行“积极进攻路线”。

尽管自九渡冲、棠市两战之后，部队连续奔波，已经十分疲劳，亟须休整一段时间，但蔡会文、萧克还是根据中革军委的指示，率领红 17 师开始主动出击。

7 月，红 17 师向宁冈出击。此时的敌人在坳背、下水湾一带构筑了密密麻麻的碉堡。红 17 师进到宁冈后，敌人就集中兵力由古城、砻市向我迫近。

红 17 师准备在敌人进攻时从阵地前用反突击反冲锋战术打垮它，但狡猾的敌人这次却学聪明了，见红军摆开阵势，他们也摆开阵势构筑工事，结果形成对峙局面。

8月，红17师在茶陵、宁冈之间活动。18日，红17师第49团在强攻雪花坳彭位仁第16师两个营的战斗中，因开战时机和战术等方面的错误，加上敌军主力增援，造成两百多人的伤亡。9月，红17师退出萍乡，敌依靠便捷通讯，迅速增援，又造成二三百人的消耗，红17师被迫撤回苏区。

为实施中革军委的战略计划，蔡会文、萧克率领红17师东奔西突，连续两个多月没有间断。这一连串的劳师远袭，虽然取得了一些局部胜利，但因“强攻工事及兵力分散，未能集中兵力消灭敌人于一点，结果，最终未解决战斗，回到新城”。

两个多月来回奔袭没有取得明显的战果，再加上雪花坳等战斗的失利，中革军委和湘赣省委将其归结为军事领导和指挥上的问题。中革军委认为湘赣省委“在反机会主义斗争的领导上，存在着很大的缺点”，一是大会只是“对付王首道、甘泗淇那几只‘死老虎’，而且在实际工作中，‘对于机会主义的首领王首道、甘泗淇仍然在负领导工作的责任，仍然以在为省委甚至党大会写决议’”；

二是在军事上没有反对中央局早已指出的“和平保守的机会主义”，没有把以“蔡会文为首的机会主义斗争在全党特别在武装部队开展起来”，“相反的却继续和掩盖了这一错误”。由此“证明”以任弼时为首的湘赣党的领导机关存在着“保守主义观念”“两面派和调和主义”。

事实上，在第四次反“围剿”斗争中，中革军委就指责蔡会文“不执行军委给予的战斗任务”，准备调换蔡会文的领导职务。为此，蔡会文曾多次向中革军委提出调动工作岗位的请求。5月份，由中共中央派驻担任中共湘赣省委书记后任弼时仍坚持蔡会文继续担任湘赣军区总指挥和政治委员。红17师成立后，又任命他为政治委员。5月，部队在九渡冲、棠市战斗中连战告捷，受到朱德、周恩来的嘉奖。任弼时在党代大会决议中肯定了红8军“自五月来获得了四次胜利”，结束了敌人对湘赣苏区的第四次“围剿”。第五次反“围剿”初期仗没有打好，并非都是蔡会文个人的责任，首先和军委的错误指导有直接关系。当时，敌5个师在莲花、宁冈、攸县、茶陵一带构筑碉堡，避免和红军打运动战。中革军委并没有提出适应新情况的战略战术，反而要求红 17 师在永新、宁冈、莲花、茶陵敌人的碉堡丛中强攻。8 月 20 日，第 49 团强攻雪花坳，蔡会文建议“不应与强敌死抗”，被中革军委批判为严重右倾，之后，奔突于宁冈和萍乡、醴陵、莲花、茶陵之间，分散兵力，强攻敌堡，均未得手。此时，军委来电，要湘赣省委加强对湘赣军区的领导，并决定由任弼时替代蔡会文任湘赣军区政治委员。

9 月，在湘赣省委执委扩大会议上，参会人员针对军事问题进行了激烈的争论。会后，湘赣军区就检查战斗失利原因致电中革军委代理主席项英：“当时因对敌人估计进攻小，犯了极严重右倾。这是我们几次行动检查，未能得胜利的主要原因。”随后，蔡会文被迫辞去红 17 师政委职务，在湘赣军区专门从事地方武装的领导工作，红 17 师政委由陈洪时代理。

1933 年 11 月，湘赣省委在永新县城召开第三次党代表大会。在这次大会上，批判了王首道、蔡会文和张启龙所谓的右倾机会主义。有人提出不打“死老虎”（批判湘赣省委书记王首道），要打“活老虎”，对蔡会文进行了无情打击、残酷斗争。12月10日，蔡会文致电中革军委代理主席项英请求调动工作。这是蔡会文第三次向中革军委提出调动工作的请求。

实事求是地说，蔡会文对湘赣红军和地方武装建设作出了重大贡献。他初来湘赣时，红8军的战斗人员不到两千人。在他和萧克的共同努力下，红8军迅速壮大到4000多人。在部队建设方面，他特别强调部队的教育和训练，自己经常利用战斗间隙亲自抓部队副连长以上以及各师班长以上骨干训练。

多年从事政治工作，蔡会文能从大局出发，即使自己倍受打击，也委曲求全，挺身保护党的优秀干部和优秀指挥人才。在当时湘赣省委整人、训人、撤职、送政治保卫局等“左”倾赤色恐怖中，蔡会文和王震、萧克等一起向省委书记任弼时担保，张启龙同志不是反革命，由此免除了张启龙的杀身之祸。当时在红8军工作的冯达飞，是黄埔第一期学生，后来毕业于苏联炮校，又会开飞机，具有研究精神，但他不适应部队的战斗生活。蔡会文向军委建议，调冯达飞去中央红军大学任教官，合理使用人才。

蔡会文还善于讲究斗争策略和艺术。在湘赣工作期间，他在实践中逐步认识到“左”倾错误的危害后，不顾自己荣辱得失，坚决和王明“左”倾冒险主义作斗争，并实际地扭转了湘赣苏区的局面。他在历次发给中革军委的电报中，多次强调执行“积聚主力，乘敌人分进未达到合击之前，选择一点，有充分胜利把握地击破敌之一路”，“动作应迅速，进退无定，变化无常”；“不打硬仗，不打冒险战争与盲动战争”，要采用游击战、运动战之战略战术。从而保证了毛泽东军事思想和战略战术原则得以有效贯彻和执行，胜利地领导了湘赣苏区的反“围剿”斗争。

1934 年 1 月，刘士杰利用参加第二次全国苏维埃代表大会的机会，又当面向中央汇报了关于蔡会文的情况，随后，中央根据刘士杰的汇报，以莫须有的原因撤销了蔡会文湘赣军区总指挥的职务。在此情况下，蔡会文向湘赣省委递交了《蔡会文申明书》。随后，这位生于斯、长于斯，在战火中淬炼成钢的高级红军将领，怀着十分的依恋和十分的忧虑，离开了无数先烈用鲜血和生命建立起来的湘赣革命根据地，到红军大学学习。

游击赣南

黑云压境

1934年1月，蒋介石再次调动40多个师全力“围剿”中央苏区。

在国民党新的进攻面前，中共中央、中革军委命令红军以阵地防御结合“短促突击”的消极战法，阻止国民党“围剿”军的进攻。为此，红6军团第17师北渡袁水，会同湘鄂赣红军第16师破坏南浔铁路、威胁南昌，配合红一方面军主力进行广昌保卫战。3月25日，红17师返回湘赣苏区进行苏区保卫战。

4月28日，广昌陷落。随后，中央苏区大片地区都被国民党军占领。

此时，红军已进行了 7 个月的反“围剿”作战，苏区的人力、物力已严重匮乏，通过内线作战打破国民党军“围剿”的可能性已经很小。

面对日益严峻的形势，红 6 军团首长决定集中兵力，在运动中寻机歼敌。4 月 5 日，红 6 军团在地方武装配合下，在永新县的沙市地区伏击国民党军第 15 师第 43 旅，毙伤俘敌 2000 余人。随后又在安福、金田地区击溃敌第 62 师一部，给进攻湘赣苏区的国民党军以沉重打击，在一定程度上缓解了中央苏区红军的压力。

沙市战斗后，中革军委指示红 6 军团，以阵地战和短促突击打击国民党军，保卫湘赣苏区，配合中央苏区红军作战。由此，中共湘赣省委提出“为保卫苏区流尽最后一滴血”的口号，要求苏区军民修筑碉堡工事，与优势国民党军进行阵地战。从 6 月开始，红 6 军团先后在永新金华山、松山等地与进攻苏区的国民党军进行了 1 个多月的阵地战，给敌以较大杀伤，但没能阻止进攻之敌，自己也受到严重削弱。随后，国民党军逐步进入湘赣苏区中心区域，红军已失去在苏区内争取反“围剿”胜利的可能。

10月初，中央红军主力开始战略转移，中共中央决定在中央苏区成立中共中央分局、中华苏维埃共和国中央政府办事处和中央军区，项英任中央分局书记、中央军区司令员兼政治委员，陈毅任中央政府办事处主任，统一领导中央苏区及闽浙赣苏区的斗争。蔡会文刚从红大结业后返回，被任命为赣南军区司令员，和项英、陈毅、贺昌、阮啸仙等坚持在中央根据地斗争。留下的武装力量共计三四万人。

此时，蒋介石正调动几十万大军围追堵截中央红军，同时以十几万大军包围中央革命根据地，叫嚷要“掘地三尺”“斩草除根”，决不让苏维埃政权“死灰复燃”。

一时间，黑云压境，敌军云集。蔡会文作为赣南军区司令员，和项英等人率领留守红军武装浴血奋战，仍未能阻挡敌军对中央根据地的大举进攻。11月10日，瑞金陷落；11月17日，于都陷落；11月23日，中央革命根据地最后一个县城会昌陷落。

1935年2月，国民党“围剿”军集中80多个团11万人发动“围剿”，将中央分局、中央办事处、中央军区和赣南省机关、部队围困在于都与赣县之间狭小的仁风山地区，情况十分危急。

此时，中共中央在贵州遵义召开了政治局扩大会议，并且迅速将会议精神向各级进行了传达。中央分局也迅速召开了紧急会议，传达会议精神。

中央分局的会议一结束，蔡会文就叫通信员们分头把省委、军区机关的领导同志找来，传达中央的指示精神。时任共青团赣南省委书记的陈丕显一跨进赣南军区司令部，蔡会文就向他扬着手里抄录的两份电报，兴奋地说：“中央政治局在遵义召开了扩大会议，会议集中纠正了“左”倾军事错误和宗派主义组织错误，事实上确立了毛泽东在党中央和红军中的领导地位。我们党在经历重大损失后，终于觉察了‘左’倾错误的危害，把它清除掉了！”

几个月来，很少看见蔡会文这么高兴，他一口气接着往下说：“中央在电报中还指出反对大兵团作战的方针，要求我们彻底改变斗争方式，要由中央革命根据地方式转变为游击区方式。中央分局昨天晚上召开了紧急会议，反复讨论了中央的电报指示。陈毅同志说，事到如今，只有突围，冲杀出去，才有希望。留得青山在，不怕没柴烧。项英和陈毅根据党中央的指示，决定将部队分9路向外突围，开展游击战争。阿丕，我们总算盼到这一天了！”

最后，蔡会文看了看陈丕显，征求意见似的对他说：“根据中央分局昨天会议的决定，你跟我一路走，你高兴吗？”

“好极了，好极了！”陈丕显连连说道。

突破重围

为确保部队能够安全突围转移，项英、陈毅、贺昌和蔡会文等领导人亲自到各个部队进行思想动员，带领干部视察地形，选择行军路线，制定战斗方案。

1934年3月4日，根据中央分局会议的决定，中央军区红军开始分9路突围。蔡会文、阮啸仙、刘伯坚等带领赣南军区部队1800多人为其中一路，离开仁风山开始突围。

临行前，蔡会文又一次向全体指战员进行思想动员，他说：“这次突围的任务十分艰巨。盘踞在马岭到观音渡一线的敌人是粤军余汉谋部，他是陈济棠的精锐部队，不仅在数量上5倍于我，而且装备非常好。他们的碉堡严密控制的地方，正是我们的必经之路。我们要冲过云河、马岭和牛岭这3个主要关口，尤其是要突破牛岭敌人的第三号堡垒，可能要付出重大的代价，部队才能通过。”

随后，蔡会文又到各个队伍中仔细检查指战员出发前的准备工作。为能快速通过敌占区，蔡会文要求全体指战员，不论干部还是战士，一律携带一件武器、两百发子弹、一条干粮袋。随路同行的赣南省委书记阮啸仙，也和战士们一样全副武装。

蔡会文说：“同志们，我命令，以一部分队伍为先头部队，指定重机枪连一到牛岭就要抢占制高点，以掩护先头部队拿下敌人第三号堡垒；军区司令部、省级机关和警卫连，编在队伍中间；另一部分队伍在后面担任后卫和收容。”

这天下午，乌云压境，顷刻间就下起了瓢泼大雨。蔡会文和陈丕显走在先头部队的最前面，为省级机关干部和后续部队开路。

当队伍到达一个村庄时，蔡会文命令先头部队稍事休息，吃了点干粮，突然响起了“啪、啪”的枪声。蔡会文立即命令先头部队向两旁散开，进入战斗准备，同时派侦察班进村搜索。没一会儿，侦察班报告说，刚才是一些流氓地痞组成的所谓靖卫团，误以为是白军，鸣枪表示“欢迎”。蔡会文听了，笑了笑说：“在白军进攻的时候，这些神神鬼鬼都出来了。既然这样，我们就来个‘顺手牵羊’，把他们一网打尽！”连长说：“已经解决了。俘虏了二三十人，还有几支坏枪。请司令员指示如何处理。”蔡会文说：“为首作恶的从严，胁从的从宽。”

队伍继续前行。

当东方刚刚露出曙色时，蔡会文带领队伍到达了马岭附近，稍事休息，吃了一点干粮，部队随即进入战斗状态。蔡会文命令先头部队以猛烈的火力压住敌人的堡垒，霎时间机关枪的枪声和手榴弹的爆炸声，震耳欲聋。先头部队如龙似虎，猛打猛冲，迅速地越过了马岭、牛岭这两道关口。

但是，当省党政军机关这一部分非战斗队伍越过牛岭时，却遭到了敌人的伏击。敌人凭借他们的优势兵力和碉堡群，以猛烈的火力交叉射击。接着，敌人从碉堡后面蜂拥而出，像疯狗似的猛扑过来，把队伍拦腰切断了。

在敌众我寡的情势下，很多同志倒在血泊中。蔡会文沉着机智地指挥作战。他命令抢占牛岭以东高地的重机枪连，用猛烈的火力从侧背打击敌人，接应后续部队前进；命令狙击班从西面斜刺里插向敌人的第三号堡垒，坚决把它摧毁。

经过侦察，蔡会文终于发现了敌人的火力弱点，他从地上一跃而起，举起手臂往西一挥，随即命令："朝这个方向冲，猛冲！"先头部队随着蔡司令员指挥的方向，犹如猛虎扑羊闯入敌阵。经过一番浴血奋战，终于拼死杀开一条血路，占领了制高点。然后，战士们用机枪、步枪密集的火力，把敌人压了回去，后续部队立即抓紧时间突围。

在突围中，赣南军区政治部主任刘伯坚同志

负伤了。警卫员准备架着他走时，还没有来得及把他扶好，警卫员便中弹倒下了。刘伯坚继续向蜂拥而来的敌人射击，最后子弹打光了，不幸落入了敌人魔掌。

天黑了，雨还在下着。蔡会文凭着风雨刮来的方向，看着指北针上微弱的荧光，来确定前进的路线。天色将明，部队来到一座密林里，蔡会文命令大家停下来休息。此时，每个人身上的衣服都是湿漉漉的，顿时感到饥肠辘辘，寒气砭骨。经过一天激战，又赶了一夜的山路，大家都已经精疲力竭到了极点！蔡会文命令：我负责警戒，大家就地吃完干粮，抓紧时间休息！战士们吃完干粮，就地铺一层松毛作床，摆一块石头作枕，倒头就睡了。蔡会文回想起白天的战斗情景，一时感触颇多，写下一首《七绝》：

连天烽火炮声隆，
惜别赤都情意浓。
重围突破万千重，
挥戈直指油山中。

第二天，天刚蒙蒙亮，阮啸仙的警卫员余虎满脸血污和泪痕地跑过来，向蔡会文报告：“报告司令员，我们首长牺牲了！”

蔡会文一听，大吃一惊，他一把抓住余虎，焦急地问道：“什么？你说什么？”

余虎带着哭腔，断断续续地说：“首长长期生病，身体十分虚弱，连日急行军，十分劳累。当我们到牛岭封锁线的时候，遭到敌人的伏击。首长带病坚持指挥战斗，鼓励战士们奋勇作战，但被一颗流弹击中胸口，我上去扶他的时候，他一把把我推开，喘着气高喊‘为革命战斗！’话还没说完，就倒下了……”

蔡会文望着远方，脸色阴沉，缓缓地说：“圣地埋忠骨，浩气贯长虹。阮啸仙同志和光荣牺牲的烈士们，同我们永别了。让他们留在革命根据地的土地上吧！他们将永远活在我们的心里。”

蔡会文率领部队突破敌人的重重包围，夜行晓宿，行进在桃江之畔的崇山峻岭之中。这一地区是白区和游击区交界的地方，到处都有反动地主构筑的碉堡。一路上，前有靖卫团拦路，后有强敌跟踪追击。面对强敌和严峻形势，蔡会文把部队集合起来，进行突围动员。他说：“同志们，现在是严重关头，我们不能困死在这里，更不能当俘虏。我们要为阮政委报仇，为牺牲的同志报仇。我们必须冲出去。只有突围出去，才有活路。”然后，他把人员分成3个突击队，又派出侦察组侦察路径，查明敌人的薄弱地段。他还告诉大家，万一冲散了，都到油山地区会合。

经过几天几夜的战斗，这支1800多人的队伍被打散，仅剩下80多人。陈丕显对蔡会文说：“蔡司令员，你现在都快变成连长了。”他用坚毅的眼光望着陈丕显说：“我们要坚持到最后的牺牲！”

天将破晓。远处传来鸡鸣。蔡会文带着队伍从山径陡坡走下平地，但他的心情此时却非常沉重。因为他知道前面就是桃江，即将面临的是背水之战！若能顺利渡江，便是向死而生！

虽然国民党反动派为了阻挠红军渡江，把渡船都破坏了，但在老乡们的帮助下，蔡会文好不容易找到几只渡船，在王母渡顺利地渡过了桃江。一

过江，就是赣粤边区的边缘了。蔡会文展望桃江两岸，一时豪情满怀，仰首高咏：

三月渡桃江，
江水滔滔不绝。
休道人饥马乏，
三军心似铁！
过关斩将敌胆寒，
破贼围千叠。
指顾油山在望，
喜遂风云合！

部队在挨近赣信公路的一个小山包里停下来休息。经过几天的连续行军作战，战士们疲乏不堪，往地上一倒，就睡得“鼾声起，梦儿迢”了。

一觉醒来，已是日上三竿。陈丕显抬头望见蔡会文正在踱来踱去，频频向四处探望。啊！他不顾疲劳，亲自负起警戒任务呢！

陈丕显悄悄地走到他面前，低声地说：“你也应该休息一下了！”

"阿丕同志，我们可找到大龙区委了。余虎已经出去联系了。"蔡会文面露喜色，好像根本没有听到陈丕显说什么，只管告诉他这个令人振奋的消息。

没过多久，余虎引来大龙区委负责同志，蔡会文和陈丕显会见了他。大龙区委负责同志指点着山影对蔡会文和陈丕显说："那些高高的山峰就是我们英雄的游击战士的根据地油山！只两天的路程，就可以到达油山的中心区了！"大龙区委负责同志还亲切地说："这里是游击区边缘，有我们的群众，他们已给我们弄来一些吃的东西了。"

油山！梦寐以求的油山！在那蜿蜒不尽的梅岭山脉中，已经不远了！全体将士的眼角上都挂着喜悦的泪珠，心里有说不出的高兴。

挥戈油山

蔡会文率领部队渡过桃江、向油山转移，在路过信丰河时，后面的追兵和前面的粤军残部会合后又一次压过来，形势十分危急！蔡会文立即指挥部队抢占了左边的一个山头。刚到山腰，敌人已经集结在山脚下。战士们刚到山顶，敌人已经在山坡上展开了。

到达山顶，战士们才发现，这座山前面是一个扇形大坡，后面却是悬崖。上山容易，下山就没有别的去路了。此时，山坡上人头攒动，烟尘腾腾，敌人像潮水般涌来，战士们异口同声喊道："不走了，和敌人拼了！"

大家同仇敌忾、英勇战斗，子弹打光了就用石头砸，石头搬不动了就拼刺刀，有的战士刺得太猛，刺刀拔不出来，干脆用枪托击打。

敌人的强攻，又一次被英勇的红军战士打垮了。但他们并没有善罢甘休，而是在山脚下开始组织新一轮的进攻。

"司令员，我们不行了，您领着同志们突出去吧，敌人由我们来对付！"

重伤员们齐声向蔡会文请求。

"我们是共产党员，请党组织给我们最后一次任务，让我们掩护同志们突围！"

蔡会文为革命征战10年，还是第一次看到这种催人泪下的悲壮场面。这些顶天立地、宁死不屈、忘我战斗的无产阶级革命战士，

无论如何都不能把患难与共、风雨同舟的战友丢下不管！

突然，他看到一名战士撕下自己的绑带给受伤的战友包扎伤口，眼睛不由得一亮，立刻吩咐全体战士把绑带解下来，一根一根地连起来，就成了一条长长的绳子！最后，他把绑带扎在一座土丘背后的树桩上。绑带扎好后，大家你看我，我看你，谁也不肯先下。蔡会文一看都急出火来了，吼道："再犹豫下去，就等于帮助敌人消灭自己！大家听我的命令……"

话还没说完，几个干部一拥而上，七手八脚，把蔡会文绑了个结实，任凭他猛烈挣扎，也没人理睬，就这样被抬到悬崖边。这时候，谢团长才诚恳地说："司令员，为了党的事业，为了我们这支部队，您一定得做个榜样，先下去！"

蔡会文张了张嘴，但没说出话来。此时，他的眼睛已经模糊了，看不清战友们的面容。

伤病员脱离了险境，战士们下了悬崖，干部们才替他们的司令员松了“绑”。

部队终于脱险，蔡会文感慨万千，率领部队继续向南奔驰。走了很远，战士们还不断地回头看看，深情地向那条救命索、生命线致以崇高的敬意！

一天晚上，刚刚从睡梦中醒来的陈丕显，摸了摸身边的茅草，咦，司令员哪里去了？陈丕显揉了揉眼睛，东张西望。原来司令员又在土岗上担任警卫呢！他“霍”地一下起来，蹑手蹑脚地走去说：“司令员，你也该休息一会儿了。”蔡会文却避而不答，抬头凝视着东方的晓星，随手把自己刚刚写就的一首《浪淘沙·突围行军纪事》递给陈丕显，脸上荡漾起无限的春风。

料峭春寒浓，
强敌跟踪，
夜行山谷月朦胧；
林密坑深惊敌胆，
莫辨西东。

血染遍山红，

士气豪雄，

餐风饮露志若虹；

倦卧茅丛石作枕，

若醉春风！

陈丕显一口气读完这首诗，以无限敬佩的目光望着自己的司令员说：“蔡司令，你有勇有谋，文武双全，真是革命队伍中的赵子龙！”

“好你个阿丕！我就写了一首歪诗，就成了有勇有谋的赵子龙了。”蔡会文望着还有几分稚气的陈丕显，心情凝重地说：“我们一路突围转战，不就是我诗中所说的餐风饮露，血染遍山吗？现在想起牺牲的战友们，我们一定要坚持战斗，为他们报仇！”

此时，金色的晨阳，在东方的山顶上露出了朝气蓬勃、容光焕发的笑脸。

经过艰苦的长行军，1934 年 4 月初的一天下午，蔡会文终于带领队伍到达油山。喜讯传来，全体枕戈待旦的赣粤边游击战士，在杨尚奎的带领下，奔跑着，跳跃着，欢天喜地地来迎接战功赫赫的兄弟部队。

在一片“红军万岁”的欢呼声中，赣粤边特委副书记杨尚奎陪同蔡会文、陈丕显在松竹掩映的山径小道上漫步。

“阿丕，你可比担任中央儿童局书记时健壮多了！”杨尚奎扳着陈丕显的肩膀，像对待自己的弟弟一样亲切。

陈丕显开朗地笑着说：“这可要感谢我们的蔡司令员。一路上，多亏了他保护我。”

“阿丕，你又要嘴皮子了！”蔡会文谦和地打断了陈丕显的话。

刚转过一个山口，看见陈毅兴致勃勃地走过来。蔡会文不由得眼睛一亮，自从仁风山分路突围后，他就一直没有陈毅的消息。听说其他几路兄弟部队都打得十分惨烈，更让他担心不已。当时，陈毅的腿伤还没有伤愈，走路都十分困难。尤其是当他得知阮啸仙带病指挥作战不幸牺牲后，他更加担心：陈毅会不会发生意外……可眼前，陈毅正完好无损地朝自己走来，积压在他心头的千斤重担，霎时间化为乌有。他喜出望外，三步并作两步向前跑去，刚要问候，陈毅先开口了：“会文同志、丕显同志，你们也钻到油山来了哟！好！好！”他热情地握住蔡会文的手和陈丕显的手，用浓重的四川口音高兴地说。

蔡会文有些激动地说：“陈主任，能在油山见到你，我们就放心了！”

陈毅豪迈地说：“国民党吹牛说已经把我们消灭在仁风山区了！嘿，我们却在油山上说话啦！”大家都为他的这种革命乐观主义精神所感染，空气中充满了胜利的喜悦。

新的斗争

油山地处赣粤两省的边界。“千峰转不尽，十里万重山。”这里的峰峦高插入云，古树参天，竹林漫山，茅草丛生，是开展游击战争的理想区域。当陈毅、蔡会文率领部队突围到达油山后，这里也成为敌人关注的焦点了。

国民党力图将突围部队扼杀在赣粤边区。在军事上，对赣粤边区进行严密的包围和封锁；在政治上，采取法西斯高压政策；在经济上，严格控制墟场集市，限制各种买卖，妄图把红军游击队困死在深山密林之中。

蔡会文率领突围部队和赣粤边游击队在油山会合后，由项英、陈毅、蔡会文、李乐天、杨尚奎、陈丕显等组成了赣粤边游击总指挥部。自此，赣粤边军民在项英、陈毅以及蔡会文、李乐天、杨尚奎、陈丕显等领导下，在极其艰苦的环境中，不屈不挠，顽强斗争，挫败了国民党军的多次“清剿”，在斗争中求生存和发展，不仅巩固了原有的油山、北山、信（丰）（南）康赣（县）游击区，而且开辟了以青龙山为中心的“三南”（龙南、全南、定南）游击根据地。

1934 年 4 月初，项英、陈毅在广东南雄县大岭下村召开会议。在会上，项英、陈毅强调指出：部队要分散，不能搬过去打正规战的做法。为了适应扩大游击区的需要，项英、陈毅决定派军分区参谋长向湘林（后叛变）率部分部队到信丰县与安远县交界地区去接应突围中失散的部队；派蔡会文率部前往南雄县北山开展工作。会议还决定成立赣粤边特委、赣粤边军分区。

北山位于油山的西面。这两座大山，互为屏障，像两个威严无比的卫士，耸立在赣粤两省的边境上。它横跨信丰、大余、南雄 3 县。山上覆盖着原始森林，葱茏茂盛。北山东南面是南雄、余边的梅岭和信丰、康边的莲花窝、帽子峰，以这些山峰为主体，形成了纵横数百里的大山区。从北山由北向西，延伸到湘南各地。这里群山环绕，层峦叠嶂，山高林深，地形复杂，是进行游击战争的理想场所。

4 月上旬，项英、陈毅到达北山和蔡会文会合，在大庾县长岭村召开会议。在会上，项英、陈毅传达学习了中共中央关于分兵开展游击战争的指示，分析了形势，研究和部署了在赣粤边坚持和发展游击战争的方针策略。

长岭会议制定了“依靠群众，坚持斗争，积蓄力量，创造条件，迎接新的高潮”的方针，并决定在军事上以南岭山脉为依托，以北山、油山为主要根据地，坚持长期的游击战争；强调在战术上以保存有生力量为主，反对硬打强敌，要采取袭击动作和打圈子等方式反击敌人的“清剿”。

会议还决定将赣粤边游击区分成 5 块游击区，即油山区、北山区、信康赣区、信南区、上（犹）崇（义）区。为适应游击战争的需要，会议决定红军和游击队编成 4 个大队和若干小队，分散开展游击战争。会议还决定：蔡会文率两个大队向崇义、上犹县边境和湖南的汝城、桂东县一带发展，建立游击区，并设法与奉命进军湘南的原中央军区参谋长龚楚（后叛变）及湘赣省委取得联系。

夕阳西下，暮色苍茫。蔡会文结束出发前的检查工作，一抬头看见陈丕显远远地走过来。

“阿丕，你找我还有什么事吗？”蔡会文和颜悦色地问道。

陈丕显没吭声，只是怔怔地看着司令员。

从中央苏区突围到油山，一路上敌重兵围堵，但他和蔡司令员几乎是寸步不离，形影相随，结下了深厚的战斗情谊。尤其是省委书记阮啸仙、军区政治部主任刘伯坚遇难后，指挥部队突围的重任全部落在他们俩身上。但当时的陈丕显还仅是一个十八九岁的大男孩，没有作战经验，部队往哪里冲、怎么打，主要靠蔡司令员一人指挥。他不仅是指挥员，也是一个英勇无比的战士。他总是端着一挺机关枪，勇敢地冲在部队最前面。在战斗最激烈的时候，也不忘关照陈丕显的安全。

“没有蔡司令员的正确指挥，就没有我们这支幸存下来的红军部队！没有蔡司令员的悉心关照，就没有我陈丕显！”陈丕显心里这样感叹道。

陈丕显猛然想到蔡司令员在突围期间写就的几首脍炙人口的诗，说：

“啊，司令员，你还有几首诗稿在我这里呢。”

“我没什么送你，就把这几首歪诗留给你，做个纪念吧！”蔡会文也有些离愁别绪似的，神情黯然地望着陈丕显。

“太谢谢了！”陈丕显握住蔡会文的手，使劲地摇起来。队伍离开山村，走出了老远，陈丕显还一直陪着蔡会文，难分难舍，送了一程又一程……

这对亲密的战友，在留恋、怅惘中分手。

两人自此一别，再也没有相见！但蔡会文留给陈丕显的这几首诗稿却被珍藏下来。

同甘共苦

长岭会议后，蔡会文根据中共中央分局的指示和长岭会议部署，率领所部和红24师第70团一部组成的两个大队300余人，从赣粤边经江西崇义、上犹来到湖南东南部的汝城、桂东，开展游击战争，发展游击区。

1935年4月下旬，敌人气势汹汹地向赣粤边游击区发动了大规模的军事“清剿”。蒋介石委任余汉谋为第六绥靖区主任。余汉谋自以为布下了天罗地网，消灭红军游击队易如反掌，他夸下海口，“三个月内消灭共产党和游击队”。蔡会文在桂东县东边山地区，会集了东边山的红24师第71团余部、湘赣军区独立第4团一部、北山游击队等武装进行了艰苦的反“清剿”作战。随后，蔡会文在桂东县东边山、西边山交界的赤水仙召开了各游击队领导人会议。蔡会文在会上传达了中共中央分局长岭会议精神，决定以东、西边山为中心开展游击战争，成立中共湘粤赣边特委，将各游击队合编为湘粤赣边游击支队。湘粤赣边特委，由陈山（后叛变）任书记，李国兴任组织部部长，方维夏任宣传部部长，蔡会文、游世雄、罗荣、张通、王赤等为委员。湘粤赣边游击支队以蔡会文任支队长兼政委，游世雄为副政委，罗荣任参谋长，李国兴任政治部主任。游击支队下辖 7 个大队，共 700 余人，支队部设在赤水仙。

西边山地处湖南境内，山上丛林密布，有一定的群众基础，主要敌人是湘军，比较容易对付。东边山是湖南、广东和江西的界山，一拉旗杆，震动 3 省，因此敌人也比较多。为了扩大革命影响，牵制更多的敌人，保卫设在北山的南方游击总部机关，支援北山、油山的游击战争，蔡会文亲自率领两个大队进入东边山，勇敢地为革命承担更大的风险。

蔡会文来到东边山后，立即带领部队深入各个山村，组织发动群众，宣传党的方针政策，揭露国民党反动派的罪恶和欺骗伎俩，提高群众觉悟，组织他们参加和支援游击战争。

但东边山因为群山绵亘，交通不便，消息闭塞，加上国民党反动派的欺骗宣传，当地群众一听说“兵”来了，不分青红皂白，就躲进老林深山不出来。

为了打消当地群众的顾虑，蔡会文带领指战员经常深入山庄空院，为老百姓打扫屋场、挑水、打猪草。到老百姓家里买东西，也总是按斤两加价付款，要是碰上老百姓不在家，就写个纸条，留下现金。当地老百姓终于明白是穷人自己的队伍来了，于是奔走相告。

东边山的群众，因为长期受到豪绅地主和反动势力的剥削，生活穷困不堪。为了解决群众的生活困难，蔡会文把乡亲们召集起来说：

“乡亲们，中央红军主力走后还不到一年，我们大家就吃不上饭，穿不上衣了！残酷的事实告诉我们，没有共产党的领导，没有工农武装，就没有我们穷人的活路。所以，我们这次回来，就是要和乡亲们一道，把革命红旗重新打起来，我们要把苏维埃政权的牌子竖起来！但是，干革命要先填饱肚子，要找填肚子的，就得打土豪！”

随后，蔡会文把指战员分成几个小分队，在当地群众的帮助和支持下，开始深入开展打土豪斗争。打土豪缴获的生活物资全部分给当地的穷苦百姓。事实上，当时的部队给养十分困难，战士们除了一条枪和身上穿的破衣衫外，一无所有。他自己也以身作则，和战士们同甘共苦。他经常带头挖野菜，和大家一起搭棚子。

有一次，警通排出去打土豪，没收了不少东西，有毛毯、衣物、吃的、用的等。警通排的班长刘芝禄要蔡会文的警卫员把东西送到司令部，但蔡司令员看了以后，一样也没有留，说：“把吃的东西全部送到休养灶给伤病员吃。”

警卫员一听急了，说：“蔡司令员，那把这条毯子留下吧。您的毯子已经破得不行了！”

蔡会文把手一挥说：“我的毯子补一补还可以用，你把这条毯子送给李国兴主任吧。”

最后，警卫员悄悄地留下一个热水瓶，仍被蔡会文发现了，他把警卫员严厉地批评了一顿。

经过一段时间的群众工作，老百姓开始主动和游击队员亲近起来。青壮年争着参加红军游击队，老年人和妇女自发为游击队购买物资，担任秘密交通员。

蔡会文经常教育干部战士说，“没有人民群众的支持，我们就无法立足，就无从建立根据地。如果不是为了人民群众，我们所坚持的斗争也就没有任何意义。”每次，游击队下山打土豪得来的生活物资，首先分给群众。乡亲们得知后，都感动得热泪盈眶，一碰上他，都亲热地叫他“蔡司令”。

正是因为蔡会文有效地开展了一系列政治工作，有一大批与游击队血肉相连的群众，湘粤赣边游击根据地得到了迅速发展，以桂东的东、西边山为中心，纵横数百里，包括湖南的桂东、汝城、资兴、酃县、茶陵、郴县、永兴、宜章，赣南的上犹、崇义、遂川、大庾，广东的始兴、南雄、仁化、乐昌等县边境。游击队也很快壮大到

1000多人。尽管敌人先后纠集3个师的兵力对游击根据地进行严密封锁和疯狂“围剿”，但湘粤赣边游击支队在根据地人民的支持下，仍然非常活跃地战斗在3省边界上。

抱定为共产主义牺牲奋斗的决心

东、西边山游击战争的发展，湘粤赣边游击根据地的日益扩大，红军游击支队的不断壮大和活跃，引起湖南、广东和江西3省反动当局的极大恐慌。

国民党对东、西边山的群众挥起了血腥的屠刀。他们将所有给游击队送过信、送过食物的、打过掩护的、亲友参加游击队的，统统诬加“通匪”“济匪”“藏匪”“匪属”的罪名，抓起来关押或者杀害。敌人大举拉网“清剿”，强迫移民并村，联保连坐。更为严重的是，敌人到处搜山纵火，洗村劫寨，把崇义的冬瓜棚、赤水，上犹的十八垒、桂东的上下庄、晓水、芳村等数十个山村化为焦土。他们逼迫当地人民群众并屯下山，隔绝与红军游击队的联系。

为了粉碎敌人的疯狂“清剿”“进剿”，蔡会文想了很多办法。他将游击队化整为零，编成十几人至三四十人的小分队，在地方党和人民群众的掩护下，分散到各个山头隐蔽起来，不和敌人硬拼，实行“保存实力，等待时机”的方针。但在战役上，遵循“赚钱就干，赔本不来”的原则，一旦遇到战机，就迅速集合队伍，歼灭敌人。

一天，原红 4 团团长李宗保投敌叛变后，挂起“五县铲共义勇队”的破旗，带着 300 多人来袭击游击根据地。蔡会文作了先诱敌深入再“切尾”退敌的战斗部署。他选了 60 多名精壮的小伙子组成突击队，在桂东彩洞迎击敌人，随即选择一条荒山小路边打边撤退。李宗保率部追到东边山的一座大山里，仅留下两个班把守入山口的木雀碉堡。这个时候，蔡会文命令突击队一分为二，一部分继续东放一枪、西打一弹，牵制迷惑敌人。另一部分则甩开飞毛腿迂回绕过敌人，攀岩越涧，夜袭木雀碉堡，敌人两个班全都成了俘虏。李宗保听说木雀碉堡被破，才知道中计了，急忙命令退兵。这时，蔡会文一声令下，杀声四起，敌人纷纷夺路逃命。

敌人分散进击的阴谋被粉碎后，又组织“跟脚队”“看火队”“砍山队”，一旦发现脚印和烟火就立马包围搜山。当时，游击队员常常三五天吃不上饭，蔡会文就带头挖野菜，他说：“你们看这苦菜多水嫩，多好吃。”他还带领战士们上山打野兔，下溪捉鱼，做“山珍海味”。蔡会文还教育战士们涉水过溪时不要踩露出水面的石头。这样，翻山越岭、沿溪溯河时，不用说脚印，就是游击队员的影子也找不到。蔡会文还要求趁早晨浓雾时煮饭，烧烟少的干柴，一次多煮一些饭可以吃几顿。这样，敌人的“跟脚”“看火”也枉费心机了。

由于战争越来越残酷，生活也越来越艰苦，“恶风暴雨住无家，日日野营转战车”，游击队员随时都有被打死、饿死、病死的危险。在这种处境下，绝大多数红军游击队的干部战士经受住了考验，但也有少数革命意志不坚定的人，如中央军区参谋长龚楚、湘赣军区参谋长向湘林、北山游击队负责人何长林、红 4 团团长李宗保等在生死关头经不住考验，相继背叛了革命。针对这个现实问题，蔡会文十分注意思想教育，经常给干部战士讲形势、任务和光明前途，给党员上党课。他说“我们在困难的时候，决不能丧失信心，不能悲观失望，更不能动摇叛变。要看到革命的光明前途，要有坚定的信念。”

他拿自己现身说法：“我是一个出身地主家庭的知识分子，为什么不跑到国民党那里去升官发财，不待在家里搞家业、享清福，而甘愿吃这个革命的苦？根本原因就是，我抱定了为天下劳苦大众求解放，为共产主义事业奋斗终生的决心。我们共产党人，革命战士，不管在什么时候、什么情况下，都要把革命红旗扛起来，扛到底！”

面对暂时强大的敌人，他说：“我们的部队虽然规模小，但我们可以占山为‘王’，开展灵活的游击战、运动战，不断扩大根据地。过去贺龙两把菜刀起家，建立了湘鄂西根据地。毛委员上井冈山时人也不多，却搞红了小半个江西。我们有大家在，为什么不能搞红整个湘粤赣边？暂时强大的敌人像一头既凶又蠢的野牛，在深山密林里瞎闹。我们有时敲一下它的脑壳，有时打一下它的屁股，有时给它拦腰一棒，有时牵着它的鼻子满山转，这就好比牛魔王碰上了孙悟空，即使再肥再大再猛，也要把它拖垮拖瘦拖死。只要我们不怕流血牺牲，把革命的红旗扛到底，我们就会取得革命的胜利！”蔡会文的话形象生动有趣，极大地提高了战士们的斗志和胜利信心。

血染赤水仙

1935 年秋，敌人加紧对各游击区进行“清剿”，东边山的斗争形势日趋严峻，赣粤边和湘赣边游击区的斗争也更加艰难。蔡会文一面率领支队机动灵活地进行反“清剿”斗争，一面从全局出发，派出一个大队到油山、北山和项英、陈毅联系，支援赣粤边根据地的斗争；同时又派出 1 个小分队深入湘赣根据地，支援谭余保领导的游击斗争。

1935年冬，敌人增加了“清剿”湘粤赣边红军游击队的兵力。广东军阀陈济棠不仅搬出他的精锐余汉谋第1军，还增派了铁甲兵教导团。湖南方面，除了何宗汉的保安第17团，还补充了胡凤璋旅，并指令衡阳卫戍司令欧鉴京到桂东“督剿”，叛徒龚楚也戴着“剿共游击司令”的头衔，进山充当帮凶。正值寒冬腊月，天寒地冻，游击战士们已经连续半个多月没有见过一粒米星子，但他们仍然跟着蔡会文同敌人展开顽强的战斗。因为大家心中有数，蔡司令员肚子里也同自己一样，装的全是树叶和草根。

蔡会文率领游击小分队，时而东时而西，时而南时而北，时而钻山林时而进村寨，给敌人无数次打击。胡凤璋不甘心部队受损，想出了一个新花招，强行规定桂东一带的每家农户出一两个壮丁，组成“灶头勇”当炮灰，驱赶他们搜山。蔡会文得知这一情况后，立即组织游击队员开展政治攻势，提出“穷人不打穷人”“不打‘灶头勇’，专打胡凤璋”的口号，取得了显著效果。“灶头勇”在搜山的时候，遇到红军游击队就主动放下武器，有的还向红军游击队提供敌人活动的情报。

1935 年 12 月初，蔡会文、周里等率特委和支队司令部共四五十人，在朱冠山赤水仙下山腰里驻扎时，遭遇粤敌重兵包围。他们沿着山间小路向支队驻地袭来。游击队立即分路撤退，陈山带了七八个人向另一个山头转移，蔡会文率十几个人向山坳里撤退，周里带二三十人冲下山沿山溪突围。当时他们约定，分散转移后第二天在某个山头集合。

午后，纷纷扬扬地下了一场多年罕见的大雪，地面上到处是白皑皑的一片。蔡会文不顾连日来战斗的疲劳，带领战士们朝朱冠山方向转移。当他们来到一个岔口的时候，正好碰到湘赣临时省委书记谭余保派来联络的少共湘赣省委书记王用济率领的交通班 12 人。这两支部队会合在一起，有 20 多个人，蔡会文非常高兴。他们一起又回到了朱冠山赤水仙。为了招待新来的战友，蔡会文派管理员陈钧亮下山买米。他又亲自支好一间草棚，让王用济一行和又累又饿的战士们先休息。但陈钧亮迟迟没有回来，战士们已经饿得脸色煞白，有的蜷缩在地上，连翻动一下身子的力气都没有了。蔡会文带领几名战士钻进树林摘树叶，挖冬笋和草根，用喝水的搪瓷缸加上雪，和在一起煮着吃。冬笋煮草根，既没有油也没放盐，嚼起来淡然无味，但是蔡会文和王用济他们吃得津津有味。蔡会文笑着对王用济说："十来天没有见过米了，能吃上冬笋煮草根就算有口福，打游击真还有点罗曼蒂克味呐。"

会合后，王用济首先介绍了湘赣革命根据地的斗争形势，然后蔡会文谈了扩大游击根据地的设想。他信心百倍地说："现在，湘赣游击队已进入安福、永新活动，我们可以向酃县、茶陵方面发展，使北山、油山、诸广山、武功山这些游击根据地，统统连接起来。等到主力红军在外面打开了局面，全国形势有了好转，我们就可以往山下发展……"

"叭！叭！"哨位上突然传来了枪声。

正在草棚里休息的蔡会文听到枪声，立刻一跃而起，心里顿时有一种不祥的预感：有枪声，什么情况？难道敌人来袭了？他立刻叫醒战士，让他们做好战斗准备，然后冲出棚子侦察情况。

可是，已经来不及了！敌人的1个营已经压上来了。原来是派出去的管理员陈钧亮叛变投敌了，此刻这个可耻的叛徒，居然带着敌人，化装成老百姓，靠近哨兵，被哨兵发觉后便开枪打死了哨兵，开始偷袭战友。

"同志们，向麻婆垅转移！"蔡会文一边举枪反击，一边镇定地组织突围。

万恶的陈钧亮枪口对准蔡司令不停地开火，还叫喊道："蔡会文，你就束手就擒吧，我可以留你全尸。"

蔡会文毫不理会这个叛徒，以草棚为掩护，镇定地进行反击。

"你这个革命的叛徒，等我突围一定手刃你！"蔡会文对突围依旧信心满满。但非常不幸的是，他的肩部和腿部已被敌人击中了。

蔡会文只好用枪支撑着身体，靠着草棚缓缓地半躺下。此时，鲜红的血液汩汩往外淌着，把他的衣服全部染红了，雪地里绽放出朵朵血花。警卫员小钟见状，赶忙跑过来扶起他说：“司令员，你受伤了，我来背你走。”好不容易，他将司令员扛在背上，刚走出几步，一颗子弹打在小钟脑袋上。小钟的身体顿时失去控制，兀自倒下。蔡会文“嘭”地摔倒在地上，他来不及缓一缓身体的痛楚，小钟的牺牲让他心痛不已。环顾四周，不少战士已经阵亡，皑皑雪地已开满了红色花朵，环绕着战士的遗体，像是为他们祭奠，也像在为革命呐喊。

蔡会文强忍着伤口的疼痛，又端起了沉沉的冲锋枪还击，“叭叭叭叭……”一连撂倒 4 个敌人。

“就用你们这些白匪为我死去的战士陪葬吧。”蔡会文心里恨恨地想。经过一番激战，敌人的包围圈终于被撕破了。蔡会文拖着重伤的身体正欲突围，一颗罪恶的子弹“噗”地打中了他的背部。他当即倒下，再也爬不起来了。

警卫员张桂见司令员倒下了，急忙跑过去，二话不说就要强背司令员撤退。不料，蔡会文一把把他推开，低声命令道：“你快走，带同志们找周里，不要管我！”张桂不听，依旧强拉蔡会文上背。

“我命令你，给我冲出去！”蔡会文大声吼道，顺手把张桂狠推一把。

等张桂闪进了山林里，蔡会文紧皱双眉，豆大的汗珠从额上流下，他艰难地翻过身子，再次举枪向蜂拥而来的敌人射击。这时，他已是躺在了血泊之中，身中数弹，周围的雪已被温热的血化开，潺潺的血水静静地流淌着。蔡会文眼前开始模糊，意识却依旧坚定，直到最后的子弹耗尽，终于昏倒在血泊之中。

这时，叛徒陈钧亮带着一伙敌人围了上来。“他就是蔡会文司令，快把他捆起来！”叛徒陈钧亮狞笑着对敌人说。

麻婆垅杂树丛生，缠绕山腰，那不足一尺宽的山道上，布满了野兽的足迹。敌人弄来了一张竹椅，他们要把蔡会文抬回去向上司请功领赏。

蔡会文在中途苏醒过来，当他意识到自己已经被捆绑在敌人的竹椅上时，顾不上一身伤痛，开口大骂：

“陈钧亮，你背叛红军，怎么对得起你在家的

老母和被白军杀害的妹妹，你怎么对得起你在茨坪起的誓言！”蔡会文义正词严地谴责道。他拒绝被敌人抬走，高呼“中国共产党万岁”，然后把一口血水吐到叛徒的脸上。

陈钧亮听了恼羞成怒，从腰间摸出一把大刀，残忍地砍向蔡司令的脖子。瞬间，鲜血从蔡会文的喉咙流出，溅在青竹椅上，也溅了叛徒一脸……

蔡会文把自己短暂的一生毫无保留地献给了党，献给了人民。正所谓：

正是青春好年华，
赤心为党为国家；
壮志未酬身先卒，
血染遍山杜鹃花。

后　记

文武兼备的蔡会文过早陨落在罗霄山脉，至今连忠骨都不知下落。在艰苦的井冈山革命根据地创建时期，还有一批像蔡会文一样志存高远、才华横溢的年轻战将，他们为了追求真理，为了拯救中国，不惜抛头颅、洒热血。卢德铭、王尔琢、黄公略、伍中豪、毛泽覃、胡少海、张子清、刘伯坚、阮啸仙等，他们把自己永远留在了巍巍罗霄。他们的探索为中国共产党人在艰苦卓绝之际取得惊天动地的胜利贡献了重要力量，给当时颓丧萎靡已久的中国注入了新的精神力量，让渴望摆脱屈辱的中华民族看到了希望。真可谓“为有牺牲多壮志，敢教日月换新天！”

但是，这些探索党的革命道路的先驱们，在如今已鲜为人知了。每每查找蔡会文的资料，赴他曾经学习过的长郡中学、其家乡攸县和他牺牲地油山了解他的事迹，从一些零散的资料中拼图还原其高大的形象、英勇的一生，我时时被感动得双眼噙泪。时过境迁，精神永存，这种对英烈的崇敬、对其精神的景仰、对其早逝的惋惜，没有随着时光流逝而淡化。我深知，这种感动本质上源于蔡会文的伟大，也折射出对他研究的缺乏，特别是看到他的故居两间土房在风雨中飘零、四周杂草丛生，我的这种感觉更加强烈。我们不能让伟大的烈士淡出我们的视野，忘却意味着背叛，忘记来时的路就会迷茫未来的路。写这本书，就是想让青少年都知道他们，不能忘了他们，要永远地纪念和缅怀他们，从中汲取精神力量，走好新时代的长征路。

本书充分吸收了前人的研究成果，从蔡会文短暂而又伟大的一生中遴选了最具代表性的英雄事迹，结合中国革命发展历程和烈士经历，在充分尊重史实的基础上编写完成，力求用生动感人的英雄故事，传递英雄烈士伟大的革命精神。

在编写过程中，得到军事科学院军队政治工作研究院领导和机关的大力支持；赵一平、康月田、张明金、李平、李博、陈政举等多位专家学者进行了审读，提出了宝贵的意见。

参考书目：《中共党史人物传》（中国中共党史人物研究会编／中共党史出版社）、《蔡会文将军传》（刘普庆著／解放军出版社）、《南方三年游击战争》（中国人民解放军历史资料丛书编审委员会／解放军出版社）、《湘赣革命根据地》（《湘赣革命根据地》党史资料征集协作小组编／中共党史资料出版社）、《湘赣革命根据地史料选编》（江西省档案馆选编／江西人民出版社）、《湘赣革命根据地斗争史》（《湘赣革命根据地斗争史》编写组编／江西人民出版社）、《中国人民解放军军史》（《中国人民解放军军史》编写组编／军事科学出版社）、《回忆中央苏区》（陈毅、萧华等著／江西人民出版社）、《任弼时传》（中共中央文献研究室编／中央文献出版社）、《萧克回忆录》（萧克著／解放军出版社）、《红一方面军史略》（李直、许初水／江西人民出版社）、《中国工农红军第一方面军史》（中国工农红军第一方面军史编审委员会／解放军出版社）、《中国工农红军第二方面军战史》（中国工农红军第二方面军战史编辑委员会/解放军出版社）。

在此，谨向关心和提供帮助的各位领导、专家学者，以及上述书目作者、编辑致以最诚挚的感谢！

图书在版编目（CIP）数据

蔡会文 / 军事科学院解放军党史军史研究中心编著
--北京：学习出版社，2022.11
（中华先烈人物故事汇）
ISBN 978-7-5147-1106-6

Ⅰ.①蔡…　Ⅱ.①军…　Ⅲ.①蔡会文(1908-1936)－传记　Ⅳ.①K825.2

中国版本图书馆CIP数据核字（2021）第262534号

蔡会文

CAI HUIWEN

军事科学院解放军党史军史研究中心

责任编辑：彭绍骏　王振宁　封面绘画：刘书移
技术编辑：胡　啸　　　　　内文插图：韩新维
美术编辑：杨　洪

出版发行：学习出版社
北京市东城区崇外大街11号新成文化大厦B座11层（100062）
010-66063020　010-66061634　010-66061646
网　　址：http://www.xuexiph.cn
经　　销：新华书店
印　　刷：河北鹏润印刷有限公司

开　　本：787毫米×1092毫米　1/32
印　　张：5.75
字　　数：81千字
版次印次：2022年11月第1版　2022年11月第1次印刷

书　　号：ISBN 978-7-5147-1106-6
定　　价：22.00元